帶著禪心去上班

聖嚴法師的禪式工作學

聖嚴法師 著

〔編者序〕

帶著禪心去上班，上班好精神！

聖嚴法師曾為在法鼓山服務的專職人員，長期開講「精神講話」，指導大眾運用禪修的觀念和方法於工作中，讓工作時時充滿禪機活力，處處都是奉獻成長的道場。工作精神指的是一種影響的力量，一個人的言行舉止，甚至連一個微笑、一句話、一篇文章，都能在工作職場產生影響力。聖嚴法師認為，一個人只要在世界上能夠影響一、兩個人的一生，那他的精神就是存在著，不一定要轟轟烈烈地做了什麼大事，才叫有精神。

本書即是結集自聖嚴法師的「精神講話」，從近一百場的講稿，精選出三十四篇精華文章，與讀者們分享法師如何讓大家帶著禪心去上班。法師即使病痛纏身，仍以禪心解纏，不但抱病審閱書稿，並盡可能地持續精神講話，分享人生智慧，以願心超越了有限的身心世界。書中將職場常見的疑難雜症，以最實用的提問方式直接破題，希望當所有的問題以禪心化解後，工作煩惱都能成爲生命智慧。

聖嚴法師在第一篇首先探討職場中的個人與團體互動關係；第二篇分享從工作中提昇自己的妙法；第三篇則是提供佛法核心所在的修行要訣，做爲工作的最佳心法。工作的煩惱來源通常都是因爲放不下自己，也放不下別人與成敗得失。缺少包容心時，不但同事變敵人，甚至於自己就是頭號敵人，自己恨自己。如果能把個人小我融入團體大我，透過禪心與願心，讓個人的有限觀點得以開放超越，就能在成就眾人中同時成就自己。

即使工作的狀況千變萬化，有了禪法做爲安心方法，無論遇到的是貪心、瞋心、癡心，都能通通變成禪心。工作不再局限於朝九晚五的有限鐘點，能夠無限寬廣開創新格局。讓我們帶著禪心去上班，上班好精神！

法鼓文化編輯部

目錄

第二篇

用禪心代替煩心

第三篇

禪心看世界

第一篇

辦公室的禪機

以廣結善緣的態度與人互動、把公司和自己視為一個整體，與團體的腳步一起成長，工作會忙得很快樂、忙得很有意義。

如何扮演好
自己的工作角色？

禪修時，有一句話，中國禪宗很少用，可是西方人很喜歡用，那就是「Who am I？」，也就是中文的「我是誰？」。

我一向認為，我們每一個人都一定要扮演好自己的「角色」。把自己的「角色」扮演好，「定位」明確了，你的「責任」、「義務」、「權利」清楚了，那你就是一個高明的人。

中國的傳統文化很重視倫理道德，什麼是倫理道德？倫理道德的核心定義，不外是確實把自己的角色扮演好：你是什麼身分，就有什麼職務、地位和責任。從家庭、學校、辦公室、社會、國家，以至整個世界、全人類，每個人都有不同的角色，我們可以逐步把握，並且擴展出去。

每個人的存在，都不是固定或孤立的，只要能把自己的責任、義務完成，那你在任何一個點上，都會左右逢源，都會非常快樂。不要孤立自己，不要不想盡任何責任與義務，而只是思考自己的權利。事實上，權利是盡了責任和義務之後，自然而然所獲得的回饋和報酬。

能盡義務與責任，才有權利。所以，權利和責任通常是一體的，而且一定是先有責任再有權利。能根據職務、身分、立場，來盡義務和責任，那你就有權利了。然而在當今社會中，很多人都只知道追求、保障自己的權益，而沒有想到自己是不是已經盡到責任。

在家庭裡，你是誰？有可能是母親，有可能是父親，有可能同時是父親和兒子，也有可能同時是父親、兒子和孫子，身分相當多重。同樣一個人，卻有不同的身分、不同的關係，但每一樣職務、每一樣身分，都要盡到責任。

有的人工作了一輩子，只能待在同一個位子或同一個階層，沒辦法往上提昇；也有的人無論到哪裡，遇到要陞遷時，一定都會被挑選出來。這是什麼原因呢？我想除了能力好之外，最主要仍是能扮演好自己的角色，和發揮應盡的責任。而總是選不上，往往就是沒有扮演好自己的工作角色，像是常常忘了自己是誰，總是說出或做出與自己的職務、身分不相應的言語和行爲，否則應該會被主管重用的。

佛教有一句話：「做一天和尚，撞一天鐘。」意思是負責撞鐘的和尚，每天早晚都必須準時撞鐘，做好自己的工作、職務。同樣的，我們做人一定要先知道自己是誰，自己的身分、立場是什麼，然後告訴自己應該把什麼事情做好。怎樣是盡責呢？如果上班時間規定朝九晚五，那是否只要準時打卡就算是盡責了？當然不是，重要的是你的工作態度，一定要想辦法把自己的角色扮演好。除了要善盡我們的職責，與上下左右的人際互動也很重要，因爲人並不是物體，也不是一盆植物，可以永遠固定在同一個位子上，人與人之間是需要透過互動來共同成就任務的。

如何與難溝通的人一起工作？

我們在工作時，無論與誰互動，都要以尊重的態度，將對方視爲菩薩。像在法鼓山團體中，大家會互稱對方爲「菩薩」，就是將對方當成菩薩來對待。即使遇到的是不友善、不配合或是能力不佳的人都是一樣，千萬不要因此懷疑對方的工作態度或是工作能力。既然已經和他一起共事，就要將他當成菩薩看待，尊重他的人格。

因此，彼此間不可以使用粗話、刻薄話或者是指責的語言，一定要用尊敬、善意的語言，譬如：請教、請問、是的、對的、好的、很好等。同樣的，面對不同意見時，也不可以用命令或反抗的方式，而要用商量的方式來溝通處理。

身爲主管者，要尊重專業工作人員以及多數人的意見，執行者則要尊重主管的指導。如果部屬不接受主管所分配的工作，應提出不執行的理由及意見，而不是一味的抗拒、對立，要以商量的方式尋求解決。譬如，主管下達一個命令，如果身爲部屬有自己的想法要表達，就可以建議說：「是的，這件事情您考慮得很好，但是從執行的角度來看，另一種作法可能會比較節省時間和金錢。」

在交辦工作時，不要以命令的方式要求執行者，而是先詢問在期限內是否能夠完成，以及彼此溝通執行時可能會遇到的狀況。溝通之後，如果能充分信任，執行者通常都能盡力去完成。由此可見，部屬與主管的良性溝通是讓工作順利的必要條件。

但是，在工作場合中，各種人都有，有的人自私、推諉責任，老是跟你作對，但即使這樣，我們對他還是要抱持希望，因爲從修行的立場而言，每個人都還是有轉變、改善的機會。如果我們一開始就認定對方不好，留下刻板印象，那麼，對方就毫無翻身的機會，彼此間的關係亦不可能改善。所以我們在工作中，以及與人互動時，要有菩薩精神，對任何人都不要失望、對立，而要消融自己，包容人、體諒人。

這個觀念很有用，因爲只要能消融自己，就能包容所有的人，心中就沒有對人的恨意了。否則，你光聽到他的名字就一肚子火，如果再見到他的人，那就是仇人狹路相逢、冤家路窄。所謂冤家路窄，其實不是路窄，而是你的心量小，如果你能包容他，冤家本身就不存在了。雖然他可能還是你的冤家，可能還是會整你，但只要你心中不要以冤家來看待他，那他就不是個冤家了。

有一位參加過禪修營的學員告訴我說：「師父，自從我學過打坐以後，就再也不會生氣了。雖然我經常受人欺負，但我不生氣，也不會跟人吵架，只是我還是覺得不服氣！」我一聽就覺得奇怪了，既然不生氣，怎會不服氣呢？這樣他的氣到底消了沒有？當然沒有消！我說：「你這怎麼叫作不生氣，只是沒有發作而已。你心裡面的火氣很多、很危險，不知道什麼時候就爆炸了！」他雖然把氣暫時壓下來、把氣吞忍下去，累積久了，將來一旦爆發，必會發生危險。

所以，只要我們懂得消融自己，心中的怒氣就不存在。有時候嘴巴上說幾句氣話，那沒有關係，講完了，你的氣就消了。但是最好是在消融自己的時候，連這種抱怨的話都不講，因爲抱怨的話只要一講，不但傷了人，也可能因此傳出去，衍生不必要的麻煩，所以抱怨是損人不利己的，仍應消融自己，沉著守口，才是利人利己的智慧行爲。

工作便利貼

因為從修行的立場而言，每個人都還是有轉變、改善的機會。如果我們一開始就認定對方不好，留下刻板印象，那麼，對方就毫無翻身的機會，彼此間的關係亦不可能改善。

如何處理
爭執不下的狀況？

與人相處發生問題時，可以當成是對我們智慧的一種考驗，讓我們學習運用智慧、慈悲來互相調整，也讓我們思考：要如何達成有效的溝通？如何歸結出一個比較能讓對方接受的結果？

我認爲首先要自己先退讓一步，如此才有討論的空間。如果你不肯退一步，他也不願退一步，彼此互相堅持、僵持不下，想要溝通，根本沒有希望。就像兩個人走到獨木橋的中間，你想要過去，他也想過去，互不退讓的結果，最後兩個人都掉到河裡去了。碰到爭執不下時，總要有一個人往後退一下，側身先讓對方通過，自己也才能順利過橋。在剛退讓的時候，一時之間可能感覺自己吃虧了，覺得爲什麼要我讓他，而不是他讓我呢！可是如果我們能夠爲了整體的長遠發展著想的話，就會明白這是值得的。

人要有遠見，今天你讓別人十條路，雖然明天很可能只有兩個人願意回報，也讓你的路，但是不要因此感到失望，因爲至少還有兩個人讓你的路。兩個人加上你就變成三個人，三個人要比另外七個人強。爲什麼？因爲你們三個人是同心協力的，而其他七個人，因爲力量都是一個一個分散的，所以加起來只會有一個人的力量。因此，你們三個人團結的力量，要比他們七個人分散的力量強；你們三個人做出來的成果，要比他們七個人做出來的好，這是值得的。

所以，我們能夠讓人一步，放人一條生路，也就是爲自己留一條後路；如果我們每一個人都堅持著自己的想法：「爲什麼是我要讓你，你爲什麼不讓我？」那結果一定是兩敗俱傷。

如何看待
職場上的公平問題？

人人都希望公平，但世上有百分之百公平的事嗎？譬如在職場中，主管認爲是公平的，但是站在員工的立場，就可能變成不公平。這是因爲主觀和客觀的標準不同，而主觀不一定是標準的，所以也沒有絕對的客觀，可見世上並沒有眞正的公平。

我曾經講過一個比喻：一個父親有四個兒子，父親臨終時將遺產分配給四個兒子，其中小兒子得到最多，三兒子其次，老二最少，老大沒有。因爲父親認爲小兒子還小，所以應該多給他一些；老三比較大，就少一些；老二年紀更大，就再少一點；老大已經獨立了，所以就不再給老大財產了。可是站在兒子的立場來看，就不一定能認同父親的想法了，老大認爲：「家裡的事業是我從小跟父親一起努力奮鬥出來的，我奉獻得最多，獲得的也應該最多。分給老二、老三就算了，老四不但沒爲家裡賺一分錢，還老是在花錢，根本不用分給他半毛錢。」幾個兄弟一相互比較，爭執立起，反目成仇。由此可知，立場不同，判斷標準也會不同，若執著自己的立場就會產生紛爭。

我認識一位公務員，工作十分勤奮，凡是聘請到他的上司，往往可以高枕無憂、太平無事。因此，只要有人陞了官，馬上就會想到他，搶著請他擔任助理或執行祕書。他一輩子沒當過眞正的主管，最多只是個小主管，往往陞官沒他的份，加薪也沒他的份；可是只要工作上有困難，衝鋒陷陣的都是他；加上因爲他是幕僚，所以功勞也都是主管的。雖然他對國家、社會、政府的貢獻很多，可是未來的歷史卻未必會記上他一筆，那麼他會不會心有不平呢？

他不但心中沒有委曲、不平，反而感恩地說：「我本來就不是一個做官的人，我是一個做事的人。我很感謝他們看得起我，要我替他們策畫，讓我有機會爲國家社會奉獻，要不然，我也沒機會發揮能力。無法在歷史留名沒關係，重要的是我奉獻得很高興。」

為什麼他願意做這樣的傻瓜？而這樣的人眞的是傻瓜嗎？他默默地耕耘、默默地做，完成事情的成就感已讓他非常滿足、非常歡喜；雖然名聲是別人的，地位、榮譽也是別人的，但功德卻是自己的呀！因此，當「名」、「實」不相符的時候，我們還是求實為要。

工作便利貼

立場不同，判斷標準也會不同，若執著自己的立場就會產生紛爭。

如何培養合作默契？

在職場中，大家都來自不同的生活環境，也都有不同的成長背景，但是進入企業、團體以後，即需建立共同的理念、方向，一起朝同一方向努力。但是，大家儘管都很努力，還是會發現每一個人都有自己的習氣、煩惱、性格與脾氣，所以並不容易溝通。畢竟我們從出生以後，從家庭、學校、公共環境，以及朋友、同學的關係中，都可能會學習到一些不同的習氣和觀念。

這種情況就好像是不同的蜜蜂在不同的花裡採了花蜜帶進蜂窩，如果堅持我釀我的蜜、你釀你的蜜，那一窩蜂就會吵翻了蜂窩！唯有每個人都把自己的花蜜變成共同的花蜜，才能釀成品質好的蜜。所以，我們要學習把個人的習氣放下，盡量配合大環境，也就是配合團體中的理念與風氣，才能創造出更高更好的成果。

公司不同的部門，每天會接觸不同的同事以及外來洽公的人員，他們的面容、儀態各個不一，期望和要求也不會相同。因此，我們要隨時隨地保持和顏悅色；即使在家裡生了氣，進了辦公室之後，就要放下，轉變心情；即使遇到再倒楣的事，也要以和藹可親的態度來對待每一個人。譬如，當對方有煩惱時，要聽聽他們有什麼煩惱；當有人抱怨時，也要聽聽他們有些什麼抱怨；只要你當下用歡喜心來對待和傾聽，自己內心的煩惱就已經去了一半。

最糟糕的是，往往當人的煩惱很多、抱怨很多時，不但不會要求自己改善，反而要求其他人一起配合、要求其他人聽你的意見。如此一來，就變成是一種強勢作風，別人由於怕你，一時只好勉強接受，但是時間久了，別人都把你當作閻羅王看，想要再和別人相處得很好，那可就不容易了！別人有什麼心裡的話不但不會跟你講，有需要配合的事情，大概也不願意跟你好好地配合。

再者，禮儀環保可以改變溝通僵局，讓辦公室經營出和諧的環境，但是禮儀環保如果只說不做，會很空洞，必須從心做起。

舉例來說：當別人惹你生氣時，該怎麼辦？你可以先在心中念佛，讓自己的心靜下來，然後告訴他：「謝謝你，我已經聽到了，我會好好地考慮一下，再答覆你。」

如果要生氣，隨時隨地都有生氣的機會。不管是天氣熱，還是天氣冷；即使是一隻蚊子、一隻螞蟻在你面前出現，你都有理由生氣。

當怒氣難消時，我們可以先念一句「阿彌陀佛」，再想：無論是什麼原因讓自己生氣，都是在幫自己的忙，讓自己有機會修菩薩行。

辦公室的氣氛要靠大眾一起營造，要互相溝通、協調，互相諒解、包容。雖然不同部門的工作性質可能截然不同，你沒辦法幫別人的忙，但是既然都在同一個大辦公室裡，就是一個共同體，看到彼此應該覺得很歡喜。

上班、下班在路上見到彼此的時候，不要因爲平常沒有工作往來，就覺得不需要打招呼。這是錯誤的想法，正因爲平常很少有機會接觸，才更應該要打招呼。你可以跟他笑一下，說聲：「早安！」或是問說：「你今天看起來很開心的樣子，能不能分享一下？」

或許剛開始你會因爲陌生而覺得有些不自然，覺得自己好像是裝的或是很虛僞，其實不要這麼想，即使是裝的也沒關係，只要裝的時候心裡不要想是假的，那就是眞的。然後慢慢地再繼續練習，久了就會自然熟練，不再尷尬。

如果，我們隨時隨地都能提醒自己做到「慈悲奉獻他人，煩惱消歸自性」，這樣我們的人品和工作品質自然也會隨著成長。

工作便利貼

我們要學習把個人的習氣放下，盡量配合大環境，也就是配合團體中的理念與風氣，才能創造出更高更好的成果。

如何調整常想換工作的心態？

在一些職場中，工作人員不斷增加，但同時也有許多人員離職，流動率似乎很高。有時有人剛到一個新的單位沒多久，就感覺不適應，原因不外乎工作量多、不適應新辦公室的風氣文化；但是也有人一做就好幾年，覺得工作非常穩定，勝任愉快。

我們的工作狀態最好保持穩定、安定，一方面自己能安安心心地工作，另一方面也能循序漸進地接受公司的專業培養。工作穩定了，自己的身心也能跟著穩定，如果一個人的工作經常變動，是一件很辛苦的事，老是在適應新環境，無論到哪裡，都會被當作新進人員看待。所以，如果能夠抱持著「既來之，則安之」的心態，才能好好學習成長。

但是有些人就是喜歡工作換來換去。經常換來換去，或許可以多見世面，然而卻不能深入累積專業能力，對自己的工作能力也無法打下深厚的基礎，如此消耗時光非常可惜。

人通常有兩種習性，一種是喜新厭舊，一種是忌新念舊。喜新厭舊，是喜歡新鮮的人、事、物，討厭舊的東西；忌新念舊，則是指當新的事物發生時，會擔心生活發生變化，所以懷念舊的狀態。這是人之常情，就像家中養的小鳥看到一隻外來陌生的鳥飛過來時，也會緊張、戒備一樣。

我初到美國參與美國佛教會的時候，佛教會的許多元老對我既是歡迎，卻又擔心。歡迎，是希望我給他們一些新的奉獻；擔心，是怕我會玩什麼花樣，所以似乎有一點不安。於是我跟他們說：「你們不要期待我太多，也不必那麼害怕我。我來就是要參與團體、適應團體，但是我有我的成長背景、優缺點與做人做事的原則，因此可能會給大家帶來一些好處，但也可能造成不便。無論好壞，都請你們包涵、接受我的整體，我會盡量配合大家，讓大家滿意。」

進入新的團體，要能夠入境隨俗，學習、了解與適應這個文化。等到能適應與融入團體時，它就會變成你的團體，而你也就代表這個團體。

人都有習氣，習氣指的是自我的主觀、自我中心、自我的價值觀、自我的自尊心；這些自我最容易傷害人，也最容易被傷害。凡是自我中心非常強、主觀意識非常重的人，煩惱一定多，不但會傷害自己，也會傷害別人。

如果能全心全意投入團體服務奉獻，雖然工作可能很忙，卻會忙得很快樂，累得很歡喜，因為這是自己願意做的事。能以這種心態工作，不但身心都愉快，工作品質也會很好。

工作便利貼

人都有習氣，習氣指的是自我的主觀、自我中心、自我的價值觀、自我的自尊心；這些自我最容易傷害人，也最容易被傷害。

如何向「智者」請益？

所謂的「智者」是誰？三人行必有我師。智者並不一定要去找蘇格拉底、柏拉圖，智者就在跟我們相處的人，甚至是跟我們聊天的人當中。譬如有些人的突發奇想，我聽了之後，覺得如果由我來執行可以做得起來，我就採取這些想法，那這個人就是我的智者。

智者就是頭腦清楚、沉得住氣的人。也就是說，對這件事情的關鍵，你清楚、你有良方，你就是智者；對那件事情的關鍵你不清楚，你有盲點，你就不是智者。但那也並不表示你的智慧、能力超過其他人，或不如其他人。

我通常聆聽很多人的意見，覺得可以實施、可以做的，馬上照著做；如果需要經過一段時間思考、協調、溝通的，會請大家共同思考，一起來解決問題。雖然透過大家共同討論，解決問題的效率可能較慢，而且大眾的意見有時是分歧的，有時是不夠成熟、不夠全面的；有時只是從個人所知的、有限的角度來看問題，所以必須聽完以後再來全盤檢討、協調。

民主社會是由大眾的智慧共同促成，因此不要以爲自己只是一個微不足道的小角色，所以不需要主動提供意見。如果必須上面講一句，你才跟著做一句，這樣不就變成了被動的算盤珠子？

好的工作人員都有自己的想法、看法，並且能與他人分享及溝通。但如果你知道怎麼思考，卻習慣單槍匹馬，獨斷獨行，無法與其他人共同配合，那也很麻煩。譬如，四匹馬拉一輛車子，你這匹老馬知道路怎麼走，其他三匹不知道，結果你拚命跑，讓其他三匹馬跟得很痛苦，最後你這匹馬一定會累死了。我舉這個例子的用意是，每一個人都應有自己的思考、想法、作法，但是必須和大家共同來協商，不能獨斷獨行。

至於能力較不足的人，大都是希望主管幫自己安排好工作計畫，然後只要照著做就好，像是遇到問題了，就問：「那我接下來要怎麼做？」這是最糟糕的部屬。但是有些主管喜歡這樣的部屬，因為很聽話，叫他做什麼就做什麼。可是這樣不但無法培養部屬獨立作業的能力，一起分擔工作，自己反而更忙更累。所以，主管雖然必須把事情的來龍去脈弄得清清楚楚，但不是什麼事情都非要自己去做不可，應該也給部屬一些發揮的機會，讓他們也能磨鍊成為智者。

工作便利貼

每一個人都應有自己的思考、想法、作法，但是必須和大家共同來協商，不能獨斷獨行。

如何專注於當下的工作？

最近我看了《今天的風，是什麼顏色？》一書，內容是描寫日本一位全盲的天才少年音樂家辻井伸行（Nobuyuki Tsujii）的故事。他自小就眼盲，但是他的母親不僅沒有放棄他，還發掘出他的音樂長才，並培養他成爲一個音樂家，十歲就獲得全日本青少年PTNA鋼琴大賽冠軍。目前他已是日本、台灣都知名的音樂家，曾經到過台灣、莫斯科、美國夏威夷等地演奏。

從他身上我們可以發現，每個人都有他特殊、能夠發揮的專長，只要鍥而不舍、全心全力、不改初衷地往同一個方向努力，一定可以做得很好。所以，確立人生方向非常重要，切忌搖搖擺擺舉棋不定，今天想這樣、明天想那樣，方向一定要正確、明確，不要隨意變更。

我曾經寫過一封信給在日本留學的弟子，我說：「師父沒有其他專長，唯一的優點就是『專』。」也就是說，在某一個時段，爲了某一個目的、某一項工作，絕對鍥而不舍，直到完成爲止。我不會受任何狀況影響，而放棄或改變之前所設定的目標或工作。

譬如我在寫博士論文時，我的目標就是要完成論文，所以，我不會去管任何與論文不相干的事物。我參與的活動都必須和我的博士論文有關，否則我不參加；我看的書也必須和我的博士論文有關，否則我不看；因此，我的博士論文很快就完成了。因此我也建議我在日本留學的弟子，不要學得太多、太雜，樣樣都學的結果是一事無成。

在此，我也勸勉大家，不管你的未來如何發展，要把你生命的力量集中在當下，盡全力來做事。不要人在這裡，心裡卻還有許多其他雜念；站在此山望彼山高，或「身在曹營心在漢」，這樣就麻煩了。

應該全心全力去完成你目前的工作，在什麼階段就盡力完成那個階段的工作，並且持續不斷地改善，把它做得更好。這樣才能更加成長，即使離開了這個職務，也不會覺得這段時間是浪費掉了。

在貫徹目標的過程中，工作態度也很重要。如果你對自己的工作，只是簽個字，請示上級怎麼處理，或只是把它交給下屬，讓他們隨自己的意思去研究處理；一旦發生問題、追究責任時，就歸咎於上級沒有指示，或怪罪下屬沒處理好，那麼你就只是個「推事」，只會向上呈報、向下轉達，並沒有好好珍惜這段生命。像這樣的人不管擔任什麼職位都學不到東西，無法成長，這就叫作「尸位素餐」，非常可惜。而正確的工作態度，應該是無論這個工作你會或不會，都要盡全力一肩擔起，直到把它做好為止。

如果本來應該要交給你的工作，最後卻交給別人，不讓你負責，這時候就要好好檢討了。是不是自己不夠負責？或是因為沒弄清楚自己的職務，所以沒把工作做好？結果你原來是屬於核心的人，漸漸變成邊緣人，然後自然而然就會想要離職，成為局外人了。

如何與同事互相支持、分擔？

我們人的兩隻手雖然各自獨立，但是當需要雙手同時拿東西時，左右手會自動互相支援；雙腳也是一樣，只有兩隻腳交錯地走，才可以走得快、走得穩。

管理的原則首重互助合作，任何團體都是由一個一個單位組成的，但是彼此間仍要互相配合，就像雙手雙腳一樣。需要溝通協調時，要主動積極，而不是被動等待，幫助人也要主動。但主動的人比較辛苦，因爲一旦出了事，往往就被認爲是多管閒事。所以，一般人由於怕受傷害、怕惹麻煩，往往抱著多一事不如省一事的想法，不願採取主動。然而，這種想法是不正確的。

另外，部門間最忌諱單打獨鬥，如此不僅影響整體決策，有時也造成資源的浪費。當需要其他單位支援時，可由主管先徵詢該部門主管的意見，是否能支援人力、物資或其他協助。如果不能支援，能不能給予意見？如果最後還不能給予任何支援時，就要再找上層主管處理；若經協調、溝通、商量，還是有問題發生，那就要自己負責了。

同事間也是一樣，雖然各有各的職掌，但部門是整體的，不能互不相干、互相對立。彼此間要互相支援，才能靈活運用；即使幫不上忙，也要互相慰勉，感覺每個人都是自己的後援支持者，才不會落入單打獨鬥、孤立無援的境地。

在實際工作時，常有一種情形發生：有外面的人或另一單位的人來詢問你們單位的事，但因爲不是你負責的事，就馬上推說不知道，該問誰不知道，怎麼辦也說不知道，一問三不知。雖然不是你負責的事，但是應當知道類似範圍的工作是誰負責的，怎麼可能不知道呢？應該盡力爲對方解決問題。

也曾見過單位與單位之間有這樣一問三不知的情形，當然可能還有另外一個原因，就是權責劃分不清楚，或是剛好沒有人負責。如果是沒有人負責，一定要馬上主動地承擔，盡量解決問題。

就好像有人不在座位上，如果他的電話響了，你不肯幫忙接，很可能就耽誤到業務；那麼下次當你不在座位上而有緊急電話時，他也不會想要幫你接。像這樣把工作執掌分得清清楚楚，就好像分配喝水的量，那一杯是他的，這一杯是我的，沒有彈性變化的結果，彼此之間沒有互動、沒有支援，那這個團體就變成一灘死水。

彼此支援，是在盡義務，並不是搶別人的飯吃。別人做不完的，我們要幫忙做；即使有人工作品質差、工作效率慢，我們也要慈悲他、幫助他。連對外面的陌生人，我們都會幫忙了，更何況是在同一辦公室的人，爲什麼不能支援一下呢？

雖然每個人都有自己本分的工作要先做，但看到同事有困難而不幫忙，那最後受損失的是整個團體。團體受損失，其實也是自己損失；反之，如果團體運作順利，個人的工作品質、工作效率和工作量也會提高，無形中等於是幫了自己，也促進了彼此的和諧。「德不孤，必有鄰」，你盡自己的倫理、責任努力工作，別人也會跟著這麼做；你身處在和樂自在的團體，自己當然也得到好處。

在同一個部門裡，每一成員都是部門的一部分，大家既然是同一個團隊，就是一個生命共同體，而不是單獨一個人。因此，當主管分配工作後，每個人都要盡力去做，也許你做得不是很好，但其他的人可以協助你；大家互相幫忙把工作做得更好，整個單位的品質就提昇了，效率也提高了，不僅表現出對團體的支持，也會得到社會的肯定讚歎。

如何讓溝通**協調順暢？**

現代的管理和過去軍隊所說的「統御術」不同；現代管理的觀念，是以服務代替管理，以教育達成管理的目的，以關懷來完成管理的任務，並且是講組織、講效率、講整體化的。如果一個團體失去整體性、失去整體運作的觀念，每一個人都是各自爲政的獨行俠，那就不能發揮團體的功能，也就不能成就大事業。

既然是整體的，不管你的職位是大是小，每一個人都代表了整體。但是我們常依我們個人的立場來要求團體配合自己。然而，每個人都有自己的性格、立場，要求團體來配合你一個人，這樣做對嗎？相信沒有一個人認爲是對的，但我們表現出來的往往就是這樣子。如果每一個人、每一個單位的主管都是這樣的話，獨行俠就出現了，你要求我，我也要求你，你不配合我，我也不配合你。雖然大家在觀念上都知道要互相溝通、彼此協調，但是在行爲上卻辦不到。

整體感必須藉成員間的溝通協調來建立，但彼此間就是缺少一種主動溝通協調的觀念，常常被動等待，不願意主動將手伸出去。如果自己能主動將手伸出去，溝通協調一定做得好，因爲只有你自己知道哪裡溝通不良；當你感覺溝通不良的時候，就要自己主動去溝通，以友誼的態度，一次、兩次、三次、四次，不斷地去努力，而不是一直處於等待的被動狀態。

如果是同一部門溝通不良的時候，可透過上層主管來協調。譬如一個組的組員間不能溝通時，就由上層主管來協調；再不行，主管之上還有一級主管可以幫忙，一層一層地往上呈報，沒有一件事是沒人管的。爲了讓工作順暢，彼此之間一定要主動的協調、善意的溝通；制度本身是死的，但人是活的，所以運作時一定要靈活。

如何建立團隊中和諧的關係？

在團體裡工作，工作的成效建立在人員間的關係，關係和諧，工作才能進行順利，我提供「行事六要訣」做爲參考。

一、堅守原則

所謂「原則」，指的不是個人的原則，而是整個團體的原則。我們每個人都有發揮自己才能、意見的空間，但必須在整個團體的大原則之下去發揮，才不會失之偏頗。

也就是說要講究「整體感」，而這整體指的是整個大環境、大方向、大原則。個人是整體中的一員，應學著配合整體，一起來推動。不能因個人因素而要求整體來配合你。好比一排木頭綁在一起成爲一個整體，其中有根木頭自認是整體之首，要求整排木頭跟著自己跑，這樣是錯誤的，這是「個體」而非整體。因此，個人有所要求時，應考慮是否合乎整體原則。

除了團體中的大原則外，各單位也應有其個別的原則、政策，甚至是個人負責的某部門的某項工作職務也應有其原則，但是要以不違背大原則為前提。但「子法不離母法」，就好像國有憲法，其下有種種法令，皆以不違憲為原則。因為要堅守原則，工作才能掌握得好。

二、充分授權

這是指上下之間的關係。在上位者必須充分授權，以方便下屬行事，否則事事指揮、干涉，下面的人遇事無權處理，會造成事情停滯，效率不彰。至於下對上，則應事前請示，事後報告。然而充分授權後，並非完全不管，仍要常常關心、督導，這樣才能維持工作品質，不會發生結果與預期不符的情形，而有木已成舟，挽救不及的遺憾。

三、尊重他人

人與人相處要相互尊重，常常心懷感恩，即使上對下也要心懷尊重。

尊重並不是同情，而是：第一、尊重對方的想法、意見和人格。如果不許對方有意見、想法，會讓對方在工作上無法產生成就感。所以，不要堅持一定要按照自己的方式做，只要不損害整個團體，能把事情完成即可。第二、尊重他人的能力。每個人的學習能力、適應能力、基本能力都不一樣，各有高低，不能要求每個人都相同，或者和自己的能力一樣。即使有人表現得不夠理想，但既然已錄用他，仍然要保持尊重。雖然對方的工作態度和我們不合，但我們千萬不可以惡言相向，這是基本人格的尊重。

四、關懷對方

這裡指的不僅僅是工作的關懷，情緒、身心、家庭等皆需要適當的關懷。隨時主動去關懷他人，見到有人悶悶不樂，給予一點慰問，也許對方的心結就會打開。而主管對於職員的情緒應有所注意，並加以主動關懷，而且應該要普遍地關懷，不能只關懷其中一、二位，否則可能會造成其他人內心的不平衡。

另外，大家也不要「撒嬌」或耍花樣，故意引起別人來注意自己、關懷自己。大家同在一起共事，應該是主動關懷他人，不增加別人的煩惱，並懂得「把煩惱消歸自心」，最好是自己就能解決自己的煩惱和問題。

五、主動溝通

無論上對下、下對上，平行之間都要主動溝通。在此特別強調由「自己主動」溝通，而非等待、等著別人來與你溝通。主動與人溝通時，最好自己先有腹案，想好該如何做，預先設想可能遭遇到的困難，並擬好解決或替代方案。如果只是丟個難題要別人做，這樣不但事情做不起來，也容易產生是非。而當事情無法獲得解決時，就很容易對環境產生不滿，覺得處處障礙，心裡痛苦，甚而相互懷疑，如此一來，整個團體便不能和諧融洽。

想要完成任務，一定要採取主動、尊重的態度與人溝通。那麼如果遇到挫折，無法跨越時該怎麼辦呢？有時並非環境不通，而是自己不通，這時候就該「山不轉，路轉」；如果還是不通，那就「路不轉，人轉」；如果還是行不通，最後還有一個法子，那就是「人不轉，心轉」。行不通的原因，有可能是想法、企畫的本身不可行，這時自己的觀念就要改變，心改個方向就好了。不要心有不甘，一直執著原來的想法。

即使到了上天下地、左右全無路時，還是有一條路——死路一條，死路也是路啊！天無絕人之路，既然老天要我死，也只能如此了；能夠勇敢面對現實，心也就不會感到那麼痛苦。

六、隨時檢討

所謂「檢討」，是檢討「自己」，不是檢討別人。無論是溝通不良、工作不順利、別人待我們不好，甚至把責任推給我們，都要檢討自己，是不是自己有什麼過失才會造成這種情形。如果一再自我檢討、努力與對方溝通，仍無法改善，可以反應給主管知道，如果主管也不認同你，無法解決你的問題，那麼就請諒解對方、接受對方吧！畢竟都是一起在團體成長的同事。

我們應隨時檢討自己的工作品質、工作成果。完成一項工作後，要開檢討會以謀改進，但是不要變成人身攻擊，否則下次便沒有人願意與你合作了。我們應該要多讚歎、慰勉他人的付出、貢獻，並針對缺點來做檢討。

如何培養工作團隊的整體感？

身處在日新月異的時代中，我們一定要了解時代的脈動，否則就是關在象牙塔裡，自己一味說自己好，可是別人卻聽不懂你在說些什麼？如果你希望別人了解你、接受你，就必須先了解別人、接受別人。但在別人接受自己之前，也要先了解自己，否則連自己都不清楚自己，還希望別人接受自己，這根本是不可能的事。

同樣的，一個團體如果缺乏整體思考、不認清團體的目標，只能看到局部而看不到整體，各單位就會造成單打獨鬥、各自為政、本位主義，成為團體的致命傷！

一個團體的整體思考是從領導人開始的。所謂整體思考，就是要思考團體總體的人力、財力，以及領導人本身的智慧；也就是必須對團體所能夠運用的全部資源都瞭若指掌，如果領導人不清楚，那麼整體就很容易發生危機。

就好比說，我們的身體有一隻腳沒有神經，外表看起來好像沒有什麼問題，反正它不痛也不癢，沒有什麼作用，但是整天拖著它走，開門關門、進進出出，總有一天會被它絆倒，就像俗語說的「拖後腿」。到底是誰拖住你的後腿？其實是因爲自己沒有注意，忘掉了還有一條後腿，所以問題就發生了！

如果你覺得問題尾大不掉，或是部屬不聽指揮的時候，首先要檢討自己。像我如果遇到這種狀況，一定先反省是不是自己帶領的方法哪裡有問題，是不是哪裡自己沒有考慮周到，然後再和對方溝通。溝通以後，如果我眞的沒有錯誤，那一定是他對我有誤解，不了解我的想法。因此，我會花時間來跟對方說明溝通，好好地「談心」。

曾任美國大覺寺住持的仁俊老法師是我的老師，我剛到那裡時，他常常找我說：「聖嚴老弟，我來跟你談談心！」其實，我是他的學生，但他對我仍非常的尊重和客氣，談完以後，我就會覺得滿窩心、滿受重視。所以，如果我的弟子也有這種情況，我會學我的老師仁俊老法師，找恰當的時機與他談心，讓弟子們感到窩心。

上位者如果對下位者的情況不了解時，用溝通談心的方式比較好。原則上，我們在工作時，要從整體方向來思考，如果發生緊急事件，有時候沒有時間考慮到整體，譬如，本來我希望這樣做，但是執行者已經那樣做了，這時候我絕對不表示意見，因爲箭在弦上，不得不發，此時不要想去改變，否則那個箭會對著你發，非常危險。

有時候我會用商量的方式問：「現在這事情已走到這種地步，是不是箭在弦上，不得不發了？」如果對方說：「是！」我會說：「那你就發吧！」讓他發出去再來善後。如果還沒有到不得不發的程度，那就還可以商量。

但是不一定只有團體負責人要思考整體問題，事實上，每一個人都是負責人。任何一個崗位上的人，你做的任何一件事、一個活動，都與全體息息相關。所以，任何人在做事時，一定要考慮到自己的所作所爲勢必會「牽一髮而動全身」；因此必須與團隊溝通討論，才能審愼的踏出每一步。

工作便利貼

如果你希望別人了解你、接受你，就必須先了解別人、接受別人。但在別人接受自己之前，也要先了解自己，否則連自己都不清楚自己，還希望別人接受自己，這根本是不可能的事。

如何與主管合作？

上對下的整體感，建立在上對下的互動與了解；而下對上的回應態度，則要體諒、服從。但體諒、服從不是單方面的，要以不感到困擾爲標準，如果感覺困擾了，還是要向上申訴說明。

所謂困擾是什麼意思？發現主管交辦的事現在不能做、做不得、做不起來的，則要申訴說明。譬如我掌握整體方向、整體原則，並且交代任務，至於如何執行的細節，我是授權的。但是我還是會了解執行的方式、進度如何等，所謂「智者千慮，必有一失」，有時候執行的部分，也需要從另外一個角度來看。

因此，「事前請示、事後報告」，這是做部屬的人應有的修養和責任。

因爲事前不請示，主管不知道你在做什麼；事後不報告，主管不知道你的困難、問題是什麼？任務完成到什麼程度？成果是什麼？

事前請示並不是說大大小小的事全部請示，而是說明一個任務交給你以後，你如何執行這個任務，必須先把自己的構想向主管請示。如果主管說：「這件事不必請示，你自己做就好了，我相信你一定做得好。」那你就不必請示。如果主管問：「你事情做到什麼程度了？」在事情完成到一個階段時，你就可以先請示一下。在請示的過程之中，主管對執行的情況可能不是很了解，你可以做些說明，說明之後還可以修正與溝通，不要主管給你一個命令，就馬上抗拒。

人與人之間的關係是互動的，由於彼此之間的想法、作法可能都不大一樣，所以要培養默契。人與人之間若缺少默契，共事會很辛苦，但是默契不是一天養成的，需要有時間。所以，每新進一位人員，主管就要適應這位新來的同仁，而新來的成員也要適應這裡的主管，彼此互相學習如何來達成默契，這就是有整體感。所以，整體感是上下左右互動的關係，合作無間就叫作默契。

大家都玩過「老鷹抓小雞」這個遊戲，老鷹抓小雞，母雞保護小雞，小雞一定跟著母雞，這就是團隊的精神；小雞如果脫隊，就會被老鷹抓走。在團體中也是一樣，在團體裡面，要接受領導人的指導，絕對服從領導人的指揮；但是領導人也一定要考慮到這群小雞，如果領導人的工作能力特別強，而部屬的表現比較弱，小雞一旦跟不上，就會被老鷹抓走了。所以，母雞一定要時時刻刻照顧小雞，常常注意是不是跟上了？而小雞也一定要拚命地跟著母雞，因爲如果不跟著母雞，就會被老鷹抓走。

團隊的精神、倫理觀念如果不明確的話，一是力量分散，二是彼此之間的合作氣氛不會很愉快，因此，培養團隊的整體精神與敬重倫理，是非常重要的。

如何讓公司和喜自在？

團體與個人之間是互相依存的，公司裡每一個成員都是公司的代表，因此，當你與外面的人接觸時，他人便從你身上體會、感受到你公司的文化特色。

我想大家都曾有過這樣的經驗，當你到達某一個地方，很自然會從你接觸到、看到的人事物中感受到某一種氣質，而對他們產生評價。像我在美國訪問過非常多的大學，發現每個大學都有自己的風格。每次一踏進去，首先映入眼簾的就是校園、建築物等硬體，從這些硬體設備的風格中，就會先產生第一印象，再與該校師生或行政人員互動後，他們的氣質便與之前的印象慢慢融合，就形成我眼中的「校風」。所以，團體帶給人的第一印象，通常都是從周遭環境開始，再來就是在裡面服務的人。因此，只要你在公司服務，你就代表著你公司的精神。

另外，與人接觸時給人的感受，最重要的就是「和」。

譬如，法鼓山有一年以「和喜自在」做爲當年的主題，我發現多數的人只是把它當作吉祥話，或是一個標語，貼在自己家裡或門上，好像只要貼在那裡，就能夠和喜自在了。但只是這樣貼著，有用嗎？人際間不和時看一看、不歡喜時看一看、感到不自在時，再看一看，那就眞的「和」了嗎？

「和喜自在」不是標語，如果你不願意改變自己的心態，包容他人，那無論貼或不貼，或貼的是什麼，都沒有辦法做到「和」。

「和」所強調的是，與任何人互動時，都要和顏悅色，然而它並不等於放縱、不要求品質。簡單地說，和顏悅色就是能夠放下身段拜託別人，若是對方拒絕，我們還是應該說「拜託、拜託」。該要求品質時還是要要求，只是當我們提出要求時，要和顏悅色，沒有必要怒目相向、大聲說話。

還有一點要特別注意的是：有些事面對面時經常說不出口，因爲恐怕對方生氣，所以最後乾脆就不說了，這可說是我們華人社會常見的一種情況，也可說是多半華人的習性。明明有人在你面前放肆，明明他做了我們不許可的事，但是爲了不傷和氣，只有睜一隻眼、閉一隻眼。這就是孔子所講的「鄉愿」。

譬如有人在辦公室裡偷偷地抽菸，大家不好意思當面指正，卻在他背後嘀嘀咕咕地批評，到最後，可能有人會想，反正都有人抽菸，那我們也可以抽，而這樣就糟糕了。遇到這種情形，我們應該進行勸說，不要擔心這樣會得罪人，因爲這是在幫助對方改進。相反的，如果不當面勸說，反而在背後討論，也會影響到其他人，讓人生氣、煩惱。而他今天抽一根，沒有人勸阻，到後來愈抽愈多，這就很糟糕了，加上若有人起而效尤，那就更不好了。所以一旦看到了有人做出不許可的事，還是要善意地溝通。

我在這裡只是舉抽菸爲例，其他事情也應該舉一反三。譬如，有些人在辦公室說話，大聲扯著喉嚨用喊的，叫來叫去像是在菜市場裡賣菜，如果有這類的狀況發生，那就要提醒他們，請他們聲音小一點。但是在溝通的時候，要先向對方打個招呼，然後再做溝通，根本不需要吵架，也不會得罪人。相反的，如果你也指著人大叫，這樣就傷和氣，就是你不和了。

大家只要能在工作中發揮和喜自在的精神，如此一來，和喜自在就不會成爲一個口號罷了，而能夠眞正的提昇人品。人品提昇了，你自己就能夠心和、口和、人和、我和，工作得很快樂、很健康。

工作便利貼

團體帶給人的第一印象，通常都是從周遭環境開始，再來就是在裡面服務的人。因此，只要你在公司服務，你就代表著你公司的精神。

如何應對得寸進尺的人？

亞都麗緻大飯店總裁嚴長壽先生曾送我一本書，書名是《僕人》。內容是說美國一位非常傑出的大企業家，在他事業到達頂峰時，毅然把公司交給別人，自己卻到美國修道院裡做了修士。而後他在修道院特別爲企業界的人士，尤其是管理階層，或是希望成爲管理階層的人士開課，這本書就是他上課的內容。

其實他的觀念非常單純，就是以「僕人」的心態和思考模式來做管理工作。這個觀念其實是來自於《聖經》，因爲耶穌曾說他是上帝的僕人，所有的信徒也是他的主人，他是爲所有的信徒服務的。當他爲信徒服務時，面對的是上帝，所以他是以僕人的態度來服務所有的人。

佛教裡也有這種觀念，就是行菩薩道的人，將所有的眾生都視爲現在的菩薩及未來的佛。當你把所有的人都當成菩薩來看，都當成未來的佛來尊敬，就不會有不禮貌的舉止和言語，也就能做到相敬以禮，自然能和諧融洽。

但是，這裡卻隱含著一個問題，那就是有一些人會「得寸進尺」；你對他愈客氣，他就愈來愈囂張、愈來愈不服從。這該怎麼辦呢？

諸位聽過「先禮後兵」這句話嗎？禮貌與尊敬是應該的，尊敬別人，也是一種自重，但如果對方不接受，那是他不尊重自己，因爲接下來，就要開始「要求」了。

但我們在要求人時，沒有必要吵架，也沒有必要拍桌子、翻臉，還是應該和顏悅色。你可以誠懇地、耐心地告訴對方，希望大家一起好好地把事情做好，不要爭吵。我想，即使對方不願意配合，經過你一而再、再而三地要求，最後他自己也會知道自己做得不好。

關係，要能夠配合才能長久。團體有團體的制度、紀律，今天你是認同了這個團體的制度、紀律，接受了薪水的條件，才願意來的；若你不接受，你也可以離開。事實就是如此，既然在團體裡，就要接受這個團體的制度和紀律。

因此，我以「先禮後兵」來勸勉大家。但「兵」指的不是罵人、動拳頭、拍桌子，態度仍然要有禮貌，要有尊敬之心。也不能用粗魯、惡毒的語言或剛強的語氣，因爲這些語言都會讓人覺得刺耳。所以人與人互動時，應該要如此，這樣才能眞的和氣。

假使你能夠做到「和」，你就能快樂、喜悅；你跟人不和，你跟自己也不會「和」的。因爲你跟人衝突，自己心裡是不平衡的，不平衡的話，心裡就不會快樂。所以要工作喜悅，一定要先與人和諧相處。

如何在工作中得到成長？

做事的時候，一定會有阻撓或遭遇困難和挫折。因爲每個人有自己的想法、性格，每個團體也有其團體的性質與風格，因此，當要結合許多人或團體共同促成一項活動時，就必須付出耐心。

做事要有耐心，首先要做好遭受挫折的心理準備。當有面對挫折的心理準備時，所面對的就不是挫折，而是挑戰；如果沒有心理準備，所遇到的就是眞的挫折。

像法鼓山每次辦活動，難免都會有義工因爲受挫折而感到無奈與無力感，雖然每次活動結束後，我們都會檢討，但結果只能盡量減少再犯同樣問題的機會，下一次仍然會有新的問題出現，因爲只要有新的義工加入，就會有新的狀況發生。雖然如此，每當解決問題、完成工作後，又覺得得到成長，覺得付出有價值，所以就愈挫愈勇，繼續努力下去。我們就是這樣從挫折中走過來的。

除了培養耐心、克服挫折外，在工作中也要不斷提昇專業的能力。譬如以前的辦公室沒有電腦，但是隨著電腦的普及，現在每個工作人員幾乎都備有電腦，因爲身處今日社會，如果沒有電腦、不會電腦，那麼工作效率、工作品質都會受到影響，無法勝任重要、緊急的工作。不論是做什麼工作，都要要求自己達到專業的標準，每個工作都有它的專業，即使是接待、主持、司儀、廚房，甚至打掃廁所，都有它的專業。不會的就要學，可以向主管學、向同事學，或是安排學習課程，否則將無法把工作做好。

服務的精神在工作中也相當重要，做生意、開商店的人常講：「顧客是我們的衣食父母。」要以愛護、珍惜顧客的態度與精神，提供服務。大部分的人對你的公司不一定了解，對你的認知也不一定清楚，甚至他們可能只是想試探一下。但是，不論他們抱持著什麼態度來，都要秉持「顧客永遠是對的」的心態來服務他們。讓人不但願意來，來了以後還會繼續再來，能夠這樣就成功了。你不但服務了一個人，自己也在過程中得到成長，讓自己的涵養愈來愈好。有了這種良好的服務態度，你到什麼地方工作都會成功。

團體如果要成長，就要工作專業、服務圓熟。服務態度要「內方外圓」：內方就是做事有原則，不會受到外面的影響而變動；外圓就是做人要圓滿，不要傷害人，讓每一個來到公司的人都能留下好印象。

在工作鍊心的態度，就是要柔軟。所謂「柔軟」，就是待人恭敬、有禮貌；「敬人者人恆敬之」，是人我之間溝通的不變定理。譬如同樣一件事，你先承認自己的錯誤，通常對方也會跟著讓步；如果互不退讓，就會僵持不下而起衝突。

所以，不管誰吃虧，誰占便宜，我們都要常說「對不起」或「謝謝」，只要承認自己占了便宜、讓對方吃了虧，對方就會覺得受到尊重，而能繼續合作。

除了態度要謙恭外，還要主動溝通，而不是被動等別人來溝通。雖然事情的負責人可能是別人，但是如果他不處理，你也會受影響，所以，我們要感謝別人幫忙。有衝突時，要用誠懇的態度致歉，用感謝的心溝通，不要隨便指責對方，這樣才能良性互動，人與人之間才能和諧相處。

其實人事的順利，還是要建立於平時的互動，彼此有熱忱的互動，才有高昂的士氣。所謂「互動熱忱」不是干擾人、干涉人，而是共識的凝聚。工作部門可以定期聚會，讓彼此有機會互相鼓勵、激發活力。如果主管能尋找適當時間爲自己的組員打氣，確實帶動團體氣氛，這樣自己的士氣也會飽滿。萬一主管不打氣，甚至自己也沒氣，那麼部屬會更沒士氣，慢慢就會失去工作熱忱。畢竟部門上下是一體的，會互相影響。

我們要珍惜工作的機會與工作的環境，不要一遇到不順利、不順心，就想換工作，這樣一來，即使你的工作經歷看起來多姿多彩，其實沒有安定感和穩定性，也沒有著力點。所以，在任職以後，希望能做長遠的計畫，盡量地學習，讓你的工作品質提昇，人格品質也藉此提昇。

而我對資深人員的期許是：不要沉緬於過去的歲月，覺得過往的成就眞是美好，非常值得懷念。人的生命不能老是停留在過去，應該往前走，吸收新的專業知識、新的觀念、新的方法，才能讓自己隨著團體一起不斷地成長。

工作便利貼

當有面對挫折的心理準備時，所面對的就不是挫折，而是挑戰；如果沒有心理準備，所遇到的就是真的挫折。

如何落實
辦公室環保？

進入二十一世紀後，每個團體與個人都應該更重視環保，因爲地球的資源有限，如果沒有環保意識，未來將沒有生存的空間，也無法永續使用現有資源。

不論是個人的生活環保或辦公室環保，環保觀念和體認已成爲世界趨勢，但我們除了要有明確的環保意識外，更要身體力行來落實環保生活。而落實的方法就是減少浪費、少製造垃圾，珍視、愛護、回收、重複或甚至於永續使用自然資源，多用智慧過簡樸的生活。其實，在非常精簡樸實的生活中，一樣能過得舒適自在。

環保，可先從個人周遭做起，包括私人與公共環境，對於資源盡量不破壞、糟蹋、浪費，隨時隨地注意維護環境的整潔等。周遭環境是給人的第一印象，因此，在辦公室裡應該要有環保觀念，譬如保持辦公桌的桌面整潔，桌上除了電腦、電話之外，不應該有其他的東西；辦公桌周圍及底下，也要維持淨空。也許有人會抱怨東西就是那麼多，沒有辦法不堆放，但如果老是這麼想，那麼辦公的空間永遠不夠用。其實只要好好地整理、規畫一下，還是可以辦得到。但是如果沒有規畫，沒有動頭腦思考整理，那麼辦公桌就會到處都堆滿東西，使得辦公室看起來很雜亂。

因此，要注意辦公室形象，最好是讓別人一進到你的辦公室，就有乾乾淨淨的感覺。辦公環境本來就應該要有紀律，如果到處都是零亂的東西，那表示這個公司缺乏紀律，辦事能力可能就要打折扣。正所謂：「如入鮑魚之肆，久而不聞其臭。」如果辦公環境髒亂，不知不覺中，辦公室的空氣和氣氛就會不好，這樣容易導致昏沉，以致工作效率下降。

譬如我參觀過幾個大銀行、大企業的辦公室，都是乾乾淨淨、清清爽爽的，不但檔案分類好放在各式各樣的櫃子裡，文具也放在抽屜裡，保持桌面淨空，這就是有紀律的辦公室。當公司的辦公文化能提昇，員工的工作精神也會一起提昇。因此，辦公室應該隨時隨地都要保持得很乾淨、很清爽。

環保融入生活與工作的方法之一，就是盡量不要製造垃圾。其實，只要我們在丟棄東西前，能再三考慮是否能重複利用，就能減少垃圾量。我們經常是「需要的不多，想要的太多」，而造成不必要的浪費。所以，我們選擇物品時要著重實用和堅固，生活環境也要常保整齊、清潔與簡樸。生活簡樸就容易整理，不會凌亂；生活太複雜，就不容易整理。

但如果我們的欲望太高，買精品、用名牌，凡事都要比高級、比豪華，這樣物欲橫流的結果會很糟糕。有人認爲精品、名牌雖然昂貴，但是品質好，可以用很久，也可以留給下一代。這話聽起來似乎有理，但是精品通常具有流行性，等新流行的精品來了，照樣還是會買回家去。這樣家裡的東西就會愈來愈多，用也用不完，賣也賣不掉，最後只好拿到跳蚤市場當成不值錢的東西來賣。

特別是現在經濟不景氣，如果每天能節省一些不必要的花費，那麼生活的收入即使少一些，也還過得去，不論在家或在辦公室都要盡量節省資源、惜物愛物，做好生活環保。能夠養成節省的習慣，這樣也是功德一件，浪費了就是損福。

工作便利貼

環保融入生活與工作的方法之一，就是盡量不要製造垃圾。其實，只要我們在丟棄東西前，能再三考慮是否能重複利用，就能減少垃圾量。

如何培養
惜福的觀念？

台灣已進入已開發國家之列，不僅消費能力驚人，製造出來的廢物及垃圾量更是驚人。

實際上，我們在生活中所需要的「必需品」不是很多，所欲求的往往都是「非必需品」，因而形成了一種「浪費」。這也就是我所說的：「需要的不多，想要的太多。」

所謂「必需品」，是指如果缺少這樣東西就會危及生命安全的物品，譬如：日用品、飲食等。如果是買不需要的東西，這就是浪費；但如果是隨意揮霍，即使買的是必需品，也不是一種惜福的行爲。

譬如一張紙，做爲草稿紙時，可以雙面書寫，等到無法書寫之後，還可用來包裝物品，最後再回收爲再生紙。這樣盡可能地利用一張紙，就是惜福。

同樣的一張紙，有的人可以寫上兩、三百字，有些人卻只寫了三、四個字就隨手丟棄，沒有考慮到一張紙的製作以及得來不易，這是不惜福。然而，如果是一張對外的邀請卡，或者是獎狀、聘書等，用紙就必須講究精美，這樣收到的人才會珍惜、收藏。

辦公的人多數都要用紙，但是很少人會想到所用的每一張紙都是花錢買來的，這些錢得來不易，所以我們應該精打細算，將一個錢當成十個錢來用。

我認識一些國內外的大企業家，有些人雖然錢賺得多，但卻懂得善用金錢，生活非常儉樸。因爲他們知道賺錢不容易，公司賺到的錢是員工共同努力的結果，取之於社會，就應該用之於社會。

使用公眾的金錢和物品，一定要節省運用，以經濟效益的觀點來用錢，就不容易有浪費的情形發生。然而，也不是什麼錢都不要花，而是當用則用，不當用的就要節省。

此外，個人也應該有惜福的習慣。由於現今社會福利、養老等制度逐漸完整，愈來愈多人沒有儲蓄的觀念，所謂「寅吃卯糧」的情形很多。以借貸而言，如果沒有周詳的考慮和計畫，一旦發生變故，財務上就可能發生問題。因此奉勸諸位，不僅對奢侈品和必需品的需求要分清楚，也應該了解自己的經濟能力，否則可能一生都會爲錢所苦。

如果生活方式不知惜福，就會經常處於苦惱之中，因此，生活方式應以自我的經濟能力和所處的地位爲標準而量入爲出。

有一些人收入不高，卻常常做功德、行布施，他們認爲這樣也是一種「存款」方式。譬如，我知道有一位政府主管級的居士常來農禪寺，他不是坐公家配置的公務車，也不是坐計程車，而是坐公車來的。他認爲不能公器私用地利用公務車辦私事，而坐公車和坐計程車同樣可以到達目的地，不如把錢省下來，每個月還可以多做一些布施，這就是惜福。一位懂得知福惜福的人，這一生一定感到很幸福。一個不惜福只知享福的人，總會覺得自己很窮，所以他的一生不會愉快。

所以要養成「當用則用，不當用則不用」的消費習慣，凡是預算、計畫都要考慮到「錢」。有句話說：「錢雖然不是你的，但是被你用掉的就是你的。」意思是說，錢雖然不是你的，如果你不知道惜福、浪費物資，這「不惜福」的帳就算在你的頭上。

所以，在用錢的時候要考慮到是不是用多了？同樣的情況，是不是有其他更節省的辦法可以做成？有句話說：「爲公司省錢，雖然省的不是自己的錢，但是你如果能節省，還是替你自己省到了錢。」這句話的意思是說，因爲你的惜福，爲大眾、爲社會提供了更多的福利，無形之中福報就是你的。

如果是一個很惜福、能珍惜自己福報的人，別人也會同樣的信任你。因此，有福的人要惜福，沒有福的人要種福，福不夠的人要培福。

工作便利貼

如果是買不需要的東西，這就是浪費；但如果是隨意揮霍，即使買的是必需品，也不是一種惜福的行為。

第二篇

用禪心代替煩心

遇到工作中的種種狀況，要懂得用方法調適自己，將身心安定下來，把工作上的挑戰當成是提昇自己的機會。

如何建立
生命的價值觀？

如果我們缺乏生命的意志，並且對生命價值沒有正確的認識，那我們就會生活在煩惱中，常常覺得不知該何去何從。也許今天向東，明天又變成朝西，沒有一定的目標方向，沒有一定的立足點。

養兒育女、傳宗接代，或是日常吃穿，雖然是我們的基本生活需求，但如果我們僅僅把這些當作生活的主要目標，那就與動物沒有兩樣了。譬如流浪狗、流浪貓找東西吃，吃飽了以後，牠們會生小貓、小狗，這就是牠們繁衍和生存的需求。如果我們做爲一個人，只是爲了這些而奔走經營，那就跟牠們是一樣的。

假使我們生活得非常富裕，一個月能夠賺得幾十萬或是幾百萬，華屋、美食、華服，樣樣不缺，但這能保證會過得快樂嗎？這種生活是靡爛的，只追求物質的享受和刺激，而忽略了生命的意義與目標。相反的，如果我們生命的意義和生命的價值都非常明確，即使物質生活差一點也沒有什麼問題，我們仍然是一個健康的人。因爲，只要心理健康，就能少一些執著煩惱，生命就會多一些智慧而發出光輝，這個就是精神生活勝於物質生活。如果精神生活低於物質生活，那我們就跟動物相同，動物的本能就是男女、飲食，再加上生活環境裡其他的物質享受。

記得曾有一位菩薩招待我吃早餐，只見那桌上的大托盤裡已經擺了三個主菜了，另外還附上花生米、豆腐乳、蘿蔔乾、榨菜等小菜。除此之外，還有一大盤的水果，裡面有蘋果、芒果、柳丁和木瓜。再回過頭看看幾十年前我師父東初老和尚的早餐，他每天都是一塊豆腐乳、一碟花生米；豆腐乳還要把它切成四小塊分四天吃，一小碟花生米也是吃上好幾天。每次都是吃了好幾口粥才夾一顆花生米，然後再吃好幾口粥再夾一點豆腐乳，卻吃得津津有味。他從不覺得自己的生活很清苦，總是自得其樂，活得很高興。我很欣賞他老人家吃得那麼快樂的模樣，而我那時跟著他一起生活，也覺得很快樂。

又譬如，美國在流行嬉皮的年代是非常富裕的，但是過度奢華靡爛，生活反而過得並不快樂。於是有些人開始反社會潮流，放棄了自己的家庭和生活享受，變成嬉皮在街頭流浪。當這個風潮過去以後，有些人因爲習慣了嬉皮生活，就跑到像尼泊爾那樣貧窮的國家去居住體驗，雖然過得非常簡樸，但是很快樂。

我曾經在山裡閉關六年，當時物資非常缺乏，連牙刷、牙膏、肥皂都沒有，但是我很能善用當下環境的資源來解決這些問題。譬如用鹽當牙膏，用手指或將青樹枝咬碎當牙刷；將落葉燒成灰用來泡水洗衣服，因爲灰是鹼性的，所以可以把衣服洗得乾乾淨淨。即使物資是那樣缺乏，但也沒有對我造成什麼困擾，我依然過得很快樂。

還有，以前我剛到美國時，物質方面也是很困乏，吃的、用的，什麼都沒有。現在回想起來，我很感謝美國的街頭，因爲只要傍晚到紐約街頭轉一轉，就有許多別人丟棄的東西可以撿拾。那時我體會到：什麼都沒有的時候，才是擁有最多的時候，也感受到天下之大、天下之好。

所以，貧不等於痛苦，富也不等於快樂。無論我們的生活條件如何，只要我們能建立正確的心態與觀念，勇敢地面對生活，接受它、欣賞它，就容易得到滿足與快樂。

佛經裡常教我們要少欲知足。所謂知足，就是多也足、少也足，有也足、無也足，並不是說完全不要，一切都不要，那就不行了！而是有就要，如果少就少要，完全沒有就不要，因爲不要也不一定活不下去，不要有不要的生活方式。

工作便利貼

什麼都沒有的時候，才是擁有最多的時候，也感受到天下之大、天下之好。

如何看待自己的影響力？

人生存在世間，都不是孤立的，而是與周遭息息相關。我們活在世間應該要先找到立足點，再一層一層地擴展思考層面，一直探索到最廣大的人類歷史。因此，我在做任何事之前，都會考慮到事情的影響力。先思考它對我們團體有什麼好處？再思考它會爲未來社會帶來什麼好處？對台灣有什麼好處？爲整個世界帶來什麼好處？因爲我是人類歷史上的一份子，所以，我還要更進一步考慮，自己對歷史有什麼交代？對人類有什麼交代？

不要以爲自己沒有名望、沒有地位，對歷史好像沒有影響力，這是不對的觀念。我曾在《讀者文摘》看過一篇文章，提到有關蝴蝶效應，就是在巴西亞馬遜河的一隻蝴蝶搧動翅膀，就會引起一連串的反應，結果在美國德州引起大颶風。巴西與美國距離滿遠的，怎麼可能產生如此大的反應呢？這就是所謂的「效應」。一個微小的動作，會影響周圍的環境，改變的環境又會再影響它周圍的環境，一層一層地影響下去。

這讓我想起有一次，我在佛羅里達州一位居士的家裡，他的游泳池裡有一個汽球，我就在池邊輕輕地按、輕輕地按，游泳池的水就緩緩起了波浪，波浪一層層地漸漸擴散到游泳池的四周，然後再彈回來；我再輕輕地動幾下，它又退回去，我再輕輕地動幾下，它又彈回來；就這樣子一直來回互相激盪，風浪就愈來愈高。

其實我根本沒用多大的力氣，但是它的波浪卻愈來愈高，當時我就告訴弟子們：一個小小的動作，就會影響整個水池的動態；其實我們一個小動作，甚至一句話，也是一樣，都會影響另外一個人，如果讓它持續擴展下去，影響的人更多。

因此，不要以為自己只是個小人物，不會影響人，就不在意自己的言行舉止。在辦公室裡，如果你能當好的示範，你就是菩薩；如果不能，那也是菩薩，只是你扮演的是魔鬼的菩薩。

此外，我們不要專門看別人的缺點，他人的缺點是我們的鏡子，他人的好處則是我們的榜樣；如果總是看別人的缺點，心裡只會感到痛恨，一點用也沒有。如果別人有缺點，你可以幫他改善，這是好事；但如果因此心生怨恨，而把他視爲「眼中釘」，那你自己也會很痛苦。你想拔掉別人，別人也希望拔掉你，那就只有相互較勁，看誰的力量大。無論是你拔掉他，或他拔掉你，最後都會淪爲怨怨相報，都不是好事情。

工作便利貼

他人的缺點是我們的鏡子，他人的好處則是我們的榜樣；如果總是看別人的缺點，心裡只會感到痛恨，一點用也沒有。

如何面對
自己的缺點？

如果要對自己多一分肯定，就必須腳踏實地多一分努力，並且對自己多一分反省；從不斷地反省、不斷地努力之中，就能夠發現自己的長處和短處。當愈來愈清楚自己的優點和缺點，就能夠截長補短、去短補長；讓長處繼續發展，並減少缺點的發生。如此，自信心就會逐漸增加，對自我價值的認定和判斷也逐漸有把握，知己所能與所不能。對於自己所能的就要積極去做，所不能的則要避免再犯錯誤，不要再暴露自己的缺點。這不是掩飾，而是自我檢討，進而改進，能夠這樣做，缺點也可能變成優點。

如果沒有自知之明，對自我價值模糊不清，只知道「我要」、「我不要」的話，就會在這兩種心態中掙扎不已。爲什麼呢？因爲想要的要不到，不想要的又丟不掉，那就產生了掙扎。如果每個人能夠對自我都很了解，便能接受放下要不到的部分；能夠得到的，就盡力把握因緣去獲得；至於丟不掉的，那就表示結束時機尚未成熟，不妨暫時保留。

唯有了解自己的優點和缺點之後，一個人才能夠眞正自我肯定。所以自我肯定必須透過自己努力再努力，反省再反省，這樣的原則是不會變的。

曾經有位專欄作家來訪問我，準備爲我寫報導，我告訴他：「舉凡是『人』會有的缺點——貪、瞋、癡、慢、疑，以及喜、怒、哀、樂等問題，我多少都會有，因爲我是一個平凡的出家人。」他聽了之後，很驚訝地說：「法師，您這麼坦誠，那我們這些人又是怎麼樣的呢？」

雖然我和各位是相同的，但所不同的是，我知道自己的問題和缺點，不會去誇讚、誇大自己的優點。我有我的長處，但這不算什麼，因爲以一個出家人來看，應該要做得更好，而我沒有做到這麼好，我該慚愧的。我是抱持這樣的心態來做人處事的。

我的身體狀況一向不好，二十幾歲時，許多人都認爲我隨時會面臨死亡，連我的同學也說，我來台灣不到三個月就會死，但我不但活得好好的，而且還活到了現在。

原因是我沒有想要死，也不怕死；再者，我的健康雖然很差，但我知道要珍惜時間、珍惜生命。無論在任何情況下，都要用這個身體，對自己、對他人、對社會、對人類有所貢獻，絕不吝嗇、不逃避，這就是我這幾十年來，以病弱之軀勞苦奔波的主要目的。

我一生貧寒，從孩童到少年時代還被視爲弱智的人，但是活到現在，至少還做了一些事情。我的生命一開始其實是很微不足道的，能夠逐漸走出一條路來，是因爲我始終不因任何阻擾、障礙而退卻，也絕不會哀哀怨怨，或向命運低頭。我沒有任何雄心壯志，唯一有的就是恆心。

另外，我總覺得，每個人都應該有一條路可走，我在任何狀況之下，絕不怨恨任何人，雖然當時的心裡並不舒服，或是對自己失望，但是我不會怨恨人。

我的人生就是秉持這樣的態度，走一步是一步，無論遭遇什麼困難，我都認爲是正常的，因爲一切都是因緣和合，什麼時候要發生什麼事，是無法掌握的，只要抱著面對它、接受它、處理它、放下它的態度，就能較平靜地看待問題。所以，對於是非、功過或得失，也毋須計較，只要平平穩穩、踏踏實實，就能成功。

工作便利貼

唯有了解自己的優點和缺點之後，一個人才能夠真正自我肯定。

如何自我要求並提昇自我？

如何提昇自我？這要從提昇能力和人格昇華兩方面來進行。如果自己能力不足，就要謙虛地學習；如果已承擔某項工作，即使做得慢、做得差，仍必須全力以赴，追求更高的品質。能力改進的同時，也是在提昇自我，腳踏實地來充實自己、加強自己的能力，這就是能力的提昇。

但是，僅僅提昇專業或處事能力是不夠的。許多人做事能力很好，但是品德不夠好。品德是什麼？就是自己的人生觀，以及自己對他人的心態，這兩種相加就是品德。如果對人放不下，這樣的人品德一定有問題，而且常常是在情緒之中打滾，也因爲自己有情緒，周圍的人也跟著受到波及，也就是所謂的池魚之殃了。

有些人心地很好，待人友善，不存壞心眼，卻常常被人傷害，爲什麼？因爲自己的情緒很容易波動，一波動，就被人傷害了。多數人都認爲是他人傷害了自己，實際上不是他人傷害自己，而是自己很容易受到影響。如果能夠有些安定力，以及隨時隨地存有受挫折、受批評的心理準備，經常調整自己，就能夠不受環境影響了。

如果是遇到解決不了的問題，該怎麼辦？就念「阿彌陀佛」聖號。這樣，情緒就不會波動，也不會受人、事的影響而動搖。而當我們心理不平衡時，最吃虧倒楣的其實就是自己，那才是眞正累人和痛苦的，所以煩惱要比工作上的疲累更可怕。

我們和所有的人都一樣是眾生，所以不需要自視過高；不過，雖然我們是普通凡夫，但還是要學習菩薩的慈悲精神。慈悲就是沒有敵人，沒有敵人的意思，就是包容所有的人，不僅是親人，連敵人也要包容。

包容並不等於是犧牲自我，而是把他人視爲自己的一部分。因爲息息相關、唇齒相依，所以彼此守望相助。小至家庭，大至國家，只要一個人動，整體都會受到直接或間接的影響。

由於「物競天擇，適者生存」的觀念，使得在職場上存在著一種情況，認爲只要贏過對方，讓對方倒下去，自己才能夠往上爬、站起來。其實這個觀念是錯誤的，競爭不是要將對方打倒、比下去，而是每個人努力地提昇自我。自己的成長亦會帶動他人的成長，當我們每個人都成長了，自然會產生彼此的包容力。而「自他不二」，亦即自己和同仁之間是一體的，不分彼此，能夠達到這樣的程度，就會非常快樂。

相反的，如果心存敵人，那麼時時刻刻都會感到有敵人出現。譬如他人工作表現比自己好，自己心裡放不下，就產生了敵人；心中嘀咕著他人工作表現比自己差，那也是敵人。所以，當沒有包容心、沒有慈悲心時，處處都有敵人。有時甚至於自己就是自己的敵人，譬如自己和自己比較，高估自己，或是自我要求過高，一旦要求不到就恨自己、看不起自己。

慈悲不僅是對他人，也要慈悲自己是個眾生，原諒自己。譬如當自己煩惱不已、放不下自己的時候，不要過於刻薄嚴苛地要求自己，畢竟自己只是普通人，如果自我要求過高，希望一定非要達到什麼程度不可，結果通常是自己更加痛苦。譬如有人一定要考上醫學院，但是沒有評估自己本身是不是具有考上的條件，最後難免失望。因此奉勸大家，一者要自我學習成長以提昇能力、品德，同時也要存著「盡心盡力第一」的態度，才不會自惱惱人。

工作便利貼

包容並不等於是犧牲自我，而是把他人視為自己的一部分。因為息息相關、唇齒相依，所以彼此守望相助。

如何超越自我開創未來？

看過許多企業界的鉅子，創業的時候轟轟烈烈，曾幾何時，開始走下坡，甚至一蹶不振。由於創業的時候，正好碰上時勢造英雄的機會，想法和做法剛好對上了時機，所以事業就順利地蓬勃成長。但是如果創業人故步自封，認為自己這一套最成功，甚至交給兒子經營時，也要照自己這套做，那就危險了！這就是固執自己的成就、想法、作法，而不能超越自己。

要自我超越就要常常否定自己：今天的自己否定昨天的自己，今天建立起來的觀念，到了明天就要再超越它，不斷地檢討，再重新出發。如果一成不變，危險可就大了。

我們所處的時代環境，是瞬息萬變的。有人認為要「以不變應萬變」，但在多變的環境裡，人在變、事在變，氣氛、風潮也在變，若以不變應萬變，可能就被時代和環境淘汰了。

事情應該是有所變，有所不變，不變的是努力的目標、方向，要變的則是做事的方法。如果方法不變就沒路可走了，譬如，你每天都從同樣的門出來，但今天門被堵住了，如果堅持一定要從這個門出去，那大概一輩子都出不去了；但是如果願意試試其他離開房間的方法，那就可能出得去了。這就是超越自我。

通常「自我」是很不容易超越的。自我是從一出生開始，甚至包含過去世的生命經驗所累積而成，一旦養成後，往往就不容易改變，而形成「習性」。

尤其是觀念的部分。其實我們應該尊重他人有不同的想法，就算是把自己的論點徹底推翻，也要歡歡喜喜的接受。因爲個人有個人的知識、學問、看法和想法，這是他人的想法，而不是我的。何況，說不定過了幾年以後，我改變了原來的觀念，他的想法變成了我的想法，因爲那個階段的我以爲這樣是對的，現在的我則覺得他的道理是對的。這就是超越自我，超越自我的價值觀、思考模式，以及自我的判斷、立場。超越以後才會自由自在，否則會愈走愈狹窄，最後走進死胡同裡。

工作便利貼

事情應該是有所變，有所不變，不變的是努力的目標、方向，要變的則是做事的方法。

如何保持
良好的工作精神？

所謂的「精神」不是聲音大、神氣活現，也不是理直氣壯、當仁不讓，更不是爭吵或是拚命工作。「精神」是一種修養，是從我們的談吐、舉止與待人接物的互動中，所表現出來的素質與修養。

個人精神在於自信心的有無，一個有自信的人是精神穩定、對人友善的；反之，則會畏首畏尾、瞻前顧後、患得患失。什麼是自信心呢？就是「知之爲知之，不知爲不知，是知也」，也就是我知道自己是誰。

以我來說，我到任何地方或見任何人，都沒想要爭取什麼，或希望對方給我什麼好處。我所想的是：對方需要什麼？我能給他什麼利益或希望？

我常常和不同領域的傑出人士或領袖對談，對談之前，有人提醒我，他們都是頂尖人士，一定要好好充實自己，否則沒辦法和他們對談。我就告訴他：「知之為知之，不知為不知。不知道的我跟他學習，但是，他也可能不知道我所知道的。」只要誠實面對自己的不足與缺點，並能不斷地學習，就沒什麼好擔心害怕的。

如果你能和別人相處愉快、合作愉快，這樣的你一定很有精神、很有自信，因為你總是在關心別人、照顧別人。當你只有奉獻的心時，別人跟你相處會感覺安全、安心，不會擔心受傷。如果你總是討厭別人、抱怨環境，你射出的箭一定會再彈回來射傷你自己。這是因為你的心出了問題，卻還顛倒地以為是環境不好、別人不好。

一般人遇到不如意的事，就會生氣，就會檢討別人。生氣是錯的，檢討是對的，但要檢討的是自己，要調的是自己的心，以逆向思考做正面改進，感謝逆境給我們學習的機會與經驗。

心安定，環境也會跟著安定。如果你的心是慈悲柔和的，連螞蟻都會覺得你看起來可愛；反之，連貓、狗都會怕你。這是因為心的關係，環境是我們的鏡子，環境反映出來的形象就是你，要了解自己是個怎樣的人，就從環境中的回應去了解。

有人抱怨現在善知識難遇，如果心不調，總是在抱怨，即使遇到了善知識，也不會願意教你什麼。其實善知識就在你身邊，環境裡的每個人、每樣東西、每個狀況，都是你的善知識。它們像鏡子一樣隨時隨地提醒著你，只是你沒把它們當成善知識而已。所以，我們的心，就是我們最好的老師。

工作便利貼

如果你能和別人相處愉快、合作愉快，這樣的你一定很有精神、很有自信，因為你總是在關心別人、照顧別人。

如何培養工作毅力？

事情要成就，一定要靠毅力堅持，但人的毅力不是突然間產生的，而是因著各人的經驗與體會，一點一滴培養而成的。

以我來說，我出生於中日戰爭期間，家庭生活非常貧窮，經常窮到第二天的糧食都沒著落。但是我的父母不會怨天尤人，尤其在抗戰期間，許多有錢的親戚到我家避難，吃住都在我們家，最後離開時，反而抱怨我們，可說是不知感恩。

因爲這些有錢人對我們的招待不習慣，譬如我們將家中最好的床鋪讓給他們，但總是不如他們家裡的，所以他們來時非常客氣、非常感謝，臨走時卻抱怨我們。面對這種情形，我的父母卻告訴我們：「像我們這麼窮的人家，還能做這麼好的好事，實在很幸運、很有福報！他們會抱怨，是因爲他們沒有經歷過窮人生活，不了解我們擁有的就這麼多了，諒解他們吧！他們有錢人能過這種貧窮生活幾個月，不容易了。」

我的父母就是用這種態度來諒解人、包容人，以感謝的心來回報這些抱怨的事。所以，我從小就覺得能夠包容人、諒解人是一件非常快樂的事。

我從小就知道自己是一個很笨的人，也知道自己是個沒有福報的人，因爲一生都是在艱困中度過，所以已習慣即使被人瞧不起，還是要自我努力，盡力去做、盡力去學。我常常告訴自己：「被人家看不起是正常，因爲自己沒有福報、沒有智慧呀！」

所以，我在佛學院的結業成績不錯，其實不是變聰明了，而是因爲我努力。別人花一小時就能讀好的功課，我願意多花三、四個小時的努力。因此，我的自知之明，反而使我的不聰明和沒福報成爲我的優點。還有，我不會的就請求別人幫忙、協助，一點也不怕別人看不起，而這種精神我一直維持到現在。

我的師父東初老人知道我會寫文章，就常跟我講：「你的智慧已夠應付得過，就是福報差點，要多做事，多培福澤。」我想，是的，我不但沒有福報，其實也沒有什麼智慧。沒有智慧就多念「觀世音菩薩」，沒有福報就多結人緣吧！不知道怎樣結人緣，那就只有盡自己的一份力，有人需要我協助，我就盡力協助他。

後來留學日本，本來去日本讀書就已不容易，尤其我當時的年紀已經三十九歲，更是不容易。但我知道自己不聰明，知道自己不行，因此就以勤補拙；再者，我不怕丟臉，只要需要幫忙，無論是哪一個同學，我都會請求他們來協助我。這沒什麼丟臉的，因爲他人的能力確實比我好。甚至是我的博士論文，我在序裡也講得很清楚：「內容是我的，文章不是我的。」文章能寫得這麼好，不是我的日文好，而是我的老師、同學、日本朋友的幫忙，但如果我自己沒有毅力，沒有自知之明，我的博士論文終究是無法完成的。

我做事就是憑著一股毅力、信心，並且知道自己沒有智慧、沒有福報，所以能夠盡量與人爲善，同情人、包容人，不跟人計較，不抱怨他人。當自己遇到挫折時，會先反省自己，不會覺得是別人在對付我、折磨我，並且感恩對方給我成長的機會，把他當菩薩看。

工作便利貼

沒有智慧就多念「觀世音菩薩」，沒有福報就多結人緣吧！不知道怎樣結人緣，那就只有盡自己的一份力，有人需要我協助，我就盡力協助他。

如何保有良善的品格？

謙虛、慈悲、誠實是重要的品格，像是達賴喇嘛，他的謙虛、慈悲、誠實，非常值得我們學習。譬如在謙虛的部分，達賴喇嘛見到以前教過他的老喇嘛，都會非常恭敬的行禮；即使他是高高在上的法王，依然是這麼的謙虛。

慈悲的對象是以人爲主，當然對螻蟻、動物也要有慈悲心。但如果是沒有原則的濫慈悲，反而會帶來麻煩。慈悲要對他人有利、有益，譬如，小孩不想讀書，不是打罵就能解決問題，而是要勸勉他、陪伴他，看他發生什麼問題，再慢慢地帶領，也許漸漸地就會轉好了。有的小孩還不到十五歲就要摩托車，如果父母順他的意給了，算是慈悲嗎？如果小孩因此發生車禍，那就不是慈悲了。慈悲一定是要爲他設想，使他成長、安全、健康；表面上任由他爲所欲爲，並不是眞正的慈悲。

至於誠實，誠實就是不要用欺騙的方式來對待人，要誠誠懇懇的。即使你是爲了方便打個妄語，事後也一定要在適當的時間跟對方說明原因，請求諒解。如果萬不得已必須兜著圈子講話，還是要很誠懇地表達，不能夠隨便用矇騙的話來搪塞。

誠實就是要言語謹愼，不能夠輕易承諾、亂放話，或自我吹噓，否則會傷人傷己，所以要實事求是，不要誇大。沒有做的或正在構想中的事，不要馬上講出來，不然很容易給人一種「說得多、做得少」，或是「只說不做」的印象。另外，也可能因構想中的並不完整，屆時實際做的與原先構想的不一樣，那對方又會覺得自己「說一套，做一套」，因而對我們產生不信任。

所以誠實、謹言很重要。誠懇的態度就是不說謊、不騙人、不誇張，不說大話，也不說快話，這是我們該保有的良善品格。

如何在工作中相互體諒？

大家一定聽過「敬人者，人恆敬之」、「禮尚往來」這兩句話，只要我們主動地尊敬、讚歎、肯定他人，那對方也會尊敬、讚歎、肯定我們。

反過來說，如果你是一個非常傲慢，而且動作粗暴的人，別人也會以傲慢、粗暴的態度回應你，那我們所處的社會、家庭等環境就會因你而被污染了。就好像是帶著病菌的人，將病菌傳染給周圍的人，結果一傳十、十傳百，一下子就變成流行的傳染病；但相反的，如果這個環境裡，很多人都感染流行病，而你不但已經打了預防針，而且還勸別人去治療，告訴他人怎樣把病治好，這樣，對於所處環境的問題與人就產生了淨化的功能。

這些道理大家都懂，可是我們常常會原諒自己，卻不能夠原諒他人；要求他人，卻不要求自己；常常把他人的缺點看得很清楚，卻故意忽略自己的缺點。因爲人幾乎都是有惰性，而且是自私的，都希望他人給我們利益，卻不願意付出奉獻。

很多人雖然想要付出、奉獻，也有慈悲、寬容等提昇人品的觀念，但總缺乏實踐力。遇到狀況使不上力時，就自我安慰說：「畢竟我還是凡夫，慢慢來就好了……。」總是給自己找台階下，總是掩飾自己、袒護自己，卻不停地要求他人，這樣只會造成彼此之間的裂痕，無法透過包容體諒，相互提昇。

相互體諒，也可以從身儀、口儀、心儀，這三方面來做起。所謂身儀，就是日常生活的規矩，包括吃飯、走路時的威儀。口儀呢？就是要說讚歎、勉勵人的話，如果一開口就說粗話、俗話，那就是沒有口儀。

好的身儀或口儀都須以「心儀」爲根本，所謂心儀，就是讓心隨時隨地有規範，心中經常保持平靜、喜悅，即使遇到非常惡劣的情況，還能夠甘之如飴。心儀，實際上就是鍊心、觀心，使自己的心不受外在環境所影響、所左右，不去想對錯。我常常說：「有理由的固然是理由，沒有理由呢？沒有理由也是理由！」

所以如果有人對你的態度不好，不要因此對這個人產生厭惡的心，因爲他有這樣的狀況一定是有原因的，可以找個時間和他談心，主動給予關懷。你可以說：「這幾天看你的心情好像很不愉快，我想一定有原因，能不能告訴我究竟發生什麼問題？你要說出來，才能找到解決的辦法。」這樣一來，問題就容易弄清楚了，也許他根本沒有問題，也許是聽到什麼人說了一些讓人不舒服的話，也許只是你做了什麼事，讓他覺得很嚴重。

如果眞的是自己做錯了事，就向對方道歉：「對不起！我不知道這樣做是錯的，我不是故意的，以後我會改進。」這樣就沒有事了。如果不是你的問題，而是他遇到其他不舒服的事，你可以安慰他，而且自己的心中不要產生煩惱。如果你心裡還有「這傢伙可能下次還會對付我」的想法，那你就是自尋煩惱了。

要常常提醒自己，別人發生了問題，一定是有原因的，不要因爲他表面的反應而產生煩惱。所以，待人要有寬闊、柔和的心胸，無論在何時何地，都讓自己以及相處的人感到歡喜，廣結善緣，而沒有遺憾。如果抱持這種心態，無論身在何處，你一定是愉快的。

工作便利貼

所謂心儀，就是讓心隨時隨地有規範，心中經常保持平靜、喜悅，即使遇到非常惡劣的情況，還能夠甘之如飴。

如何在繁忙的工作中調整身心？

許多人一忙起來，火氣就跟著上升，最後整個人累到虛脫，這是不懂得調心的緣故。無論在任何狀況下，對於自己的工作要抱著「要趕不要急」的心態，對於自己的身心則要保持「要忙不要緊」的狀態。時時放鬆身心，練習將氣往下沉，不要緊張，一旦心情放鬆了，身體也會跟著放鬆。

我鼓勵大家以「工作要趕不要急，身心要忙不要緊」的心態來面對工作，在忙碌的生活與工作中多多練習和體會。如果經常抱著樂觀的、愉快的心情，告訴自己這是自己發願要做的事，並且要發長遠心和奉獻心，那麼即使工作再忙或受到委屈，都不會被壓力壓得喘不過氣，反而是忙得很快樂、累得很歡喜。

一般人大多會從利益、健康、陞遷、名位、權力，以及貧賤富貴、榮譽恥辱、對家族的好壞等方向去思考，然而這些都是小我，如果凡事只是想到這些，這樣的心量是很小的，而心量愈小就愈容易累，愈容易生氣、生病，也愈容易與外在環境、家人、同事、朋友起衝突。

我經常在思考社會與人類的未來，到底要怎麼做才能使我們的社會更安寧、人類更幸福。雖然我沒有子孫，但是我把人類的後代都視爲我的後代，人類的命運就是我們後代的命運，整個地球的生命環境都是息息相關的。大家如果都能往這方面思考，那麼每分每秒所做的事，就會變得很有價值，生命也會變得很有意義。

《未來的啓示》一書提到：環境的改善要由心靈的淨化開始，因爲一個人的心靈可以影響另一個人的心靈，心靈一旦淨化，就可以改善生活環境中的磁場。所以，自己若有埋怨的心，就可能會導致另一個人的不愉快，使周圍的環境、氣氛很沉悶；反之，心情若充滿感恩，保持愉快，心靈則是清淨的，不僅自己覺得舒服，同時也讓他人覺得愉快。

有一次，我搭乘一家航空班機，他們的員工告訴我，雖然他們的工作繁重，但工作心情好，服務品質高。當這家航空公司的董事長全家來看我時，我就問董事長這是什麼原因。他舉了一個例子給我聽，他說當賀伯颱風來襲時，有位主管判斷錯誤，有八架飛機不能起飛，但客人均已到齊，便要求賠償，這使得公司損失了三千多萬。本來這個主管應當撤職的，但董事長不但未撤主管的職，反而感謝他。因爲全公司的人，心裡都已很難過，而且又辛苦了一夜，此時老闆不能再處罰他們，應加以安慰鼓勵，保持其尊嚴。

從他的例子可知，他是站在同理的基礎上與員工相處的。能同理，就能調整心態體諒他人；有體諒的心，自己不會有怨懟、痛苦，別人也能因你的包容而成長。同時，我們也要感激對方，給自己一個練習忍耐的機會。能以體諒、感激來化解情緒，就能讓自己的心情保持愉快，使周遭洋溢平和的氣氛，就是一種奉獻。

如何化解
情緒煩惱？

俗話說：「人生不如意事，十常八九。」在日常生活中，無論他人對我們是何種態度，都不要拉長了面容，雖然受了一肚子悶氣，仍應該和顏悅色笑咪咪。一般人受到委曲或逆境現前時，也就是當不順眼的人、事、難聽的話在面前出現時，反應多是「怒髮衝冠」，心裡會很生氣或是很難過。

有時候雖然暫時將情緒壓下來，表面上沒有暴跳如雷，但是心裡可能在嘀咕：「眞倒楣，大概是哪輩子做錯了事，今年流年不利，才會遇到這樣的事。」就這樣不斷嘀咕，甚至連睡覺時也在嘀咕，即使過了很久很久，心裡還是對此存著痛苦的感受。

那麼要如何化解情緒呢？首先可以分析狀況：受到他人曲解或誤會已經

是不舒服的事，如果再生氣，猶如受到二度傷害，這是雙倍的不划算；相對的，也不要再反過來傷害對方，因為誤會他人，事實上也會傷害到他自己，如果再予以反擊，對方也會受到二度傷害；一來一往相互傷害，更是愚蠢。

另外，當覺察自己的情緒已經有所波動時，當下先不採取任何行動，待事情較緩和時，再來處理。可以跟對方說：「對不起，你誤會我了，但是我不生你的氣，因爲你不是故意誤會我。」用這種方式處理，不但可紓解情緒，也有助於改善問題。如果只是一味地壓抑情緒，到最後終究會爆發出來，所以要懂得用方法協助自己紓解情緒。遇到逆境，應該將問題交還給問題，勇敢面對問題。

煩惱的產生對自己所造成的傷害最大，因為自己是感受最深的人，無論煩惱是來自什麼人或什麼事，損失最多、傷害最大的還是自己。因此在生活或是工作上，要經常練習「反觀自照」的修身養性。

一個人身體不健康，和心理有著密切的關係。心理不健康，常常哀怨、不滿，這樣的人即使身體看似強壯，但心靈卻是十分脆弱，一旦遇到重大挫折或是疾病，多數難以平復；如果心理是健康的，即使身體稍微差一點，工作環境、待遇也都不是很理想，生活仍然可以過得很愉快，這就是一個健康的人。眞正的「健康」，是心理的健康重於身體的強壯。

生活上遭受到困擾和挫折時，要把它轉換成對自我的磨鍊。大家要運用佛法來保護自我、成長自我，那麼即使遇到逆境，也會感到幸運的。

工作便利貼

如果只是一味地壓抑情緒，到最後終究會爆發出來，所以要懂得用方法協助自己紓解情緒。

第三篇

禪心看世界

佛法落實在職場和生活中，就是以慈悲心包容眾生、以柔軟心忍辱一切，以智慧處理問題，放下心中的罣礙。

如何發願
利益他人成長自己？

我想分享「一根香蕉」的故事，那是發生在我大約十歲的時候。當時我正在讀小學，我三哥從上海帶回一串香蕉，那是我生平第一次看到香蕉。我拿了一根嘗了一口，忍不住喊說：「哇！這是我這一輩子從沒嘗過的美味。」那時我就想，學校裡的同學也一定沒吃過，於是我就捨不得吃，準備把它帶到學校和同學分享。

到了學校，我拿著香蕉在同學眼前晃一晃，問說：「你們吃過香蕉沒有呀？」結果他們連聽都沒聽過。我就說：「讓你們舔一舔，但是不准咬啊！」就讓同學一個一個輪流舔，最後整根香蕉都被舔光了，我只吃到一口。

我自小即有一種性格，就是只要我接受到的好處，或是已經擁有的東西，我總是希望分享給別人，從沒想過要占爲己有。

也因此一性格，產生我對佛法的使命感和責任感。在我十多歲出家後，當明白佛經並不是專門拿來超度亡者，而是給人用來修學以減少煩惱的時候，當下我就發了一個願心：「無論如何，我一定要把佛法告訴人，我懂多少，就要告訴人多少。」之後，我就非常努力地了解佛法、實踐佛法，同時也非常努力地把佛法告訴人，就這樣一路走下來。

其實我早在十幾歲時就已動筆寫文章，在學校的壁報以及刊物上發表，後來也成爲學校刊物的編輯之一。只要有了利益別人的心，最後你會發現自己成長得最快。如果我當初沒想到要透過寫作把佛法與人分享，我想我到現在也不會寫文章。因爲要把知道的佛法告訴人，逼得自己勤加練習寫作，練習之後，反而使自己成長得更快。所以，付出會使自己成長更快、收穫更多。

後來來到台灣，由於我對當時佛教界的狀況很不滿意，因而常寫文章批判，尤其對一些長老頗有微詞。直到南亭老法師對我說：「不要老把嘴巴擱到別人家的頭上去！一切的責任要自己挑起來，你覺得這些長老法師們的能力不行，你就把責任挑起來。你要知道，這些老人家也是這樣一路走過來的啊！如果你行，你就自己來做。」我聽了以後，覺得很慚愧，從此以後，如果有什麼事需要人做，我就告訴自己：「我來！我來！」

因此，當我覺得修行的人不多，就自己先修行；深入經藏的人不多，就自己勤讀書；去日本留學的人許多都還了俗，所以我留學絕不還俗；去日本讀書，要拿到學位不容易，所以我一定要靠自己的努力拿到學位。這就是以身作則！

我去日本留學的目的，就是爲了提昇佛教的教育和素質。當時的佛教徒多半是不識字的老人家，只是去廟裡求求籤、燒燒香，佛教徒的水準低，出家人的素質普遍不高，因此佛教是被歧視的。

爲了提昇佛教的水準，我決定去日本留學。取得學位後，在台灣因沒有辦教育的因緣，就先到美國，過了幾年，回來台灣，剛好中國文化大學請我教書，才開始和「辦教育」的心願連結在一起。慢慢地，我們有了研究所，也有了僧團，想要把佛法告訴人的願心，才逐漸地實踐。

工作便利貼

只要有了利益別人的心，最後你會發現自己成長得最快。

如何以平等心看待職場生活？

從佛法的觀點來看，佛與眾生是平等的；佛看眾生都是佛，佛的世界即是眾生的世界。當佛陀建立了僧團後，有許多人以爲佛陀是僧團的領導者，所以他的地位與待遇應該是不同於僧團弟子的，因此，會將最好的東西拿出來供養佛陀，佛陀因此特別在經典中說明：我也是僧團中的一員，不是我領導大眾，而是由僧團在領導；如果有居士要供養佛，佛陀就會說：「供佛及僧」、「供僧同佛」，這都顯示了佛法的平等觀念。

我在日本留學的時候，有一次我的老師帶領大家到郊外座談，當時我們爲老師準備了一份較豐盛的食物。老師看到以後卻不以爲然，他認爲既是分攤同樣的錢，大家就應該享用同一份東西，這就是佛法的平等觀。

我曾在一場「企業家座談會」中，談及勞資雙方平衡的問題。站在佛法的立場，所謂勞資雙方，其實都是生活在同一個團體之中，是生命共同體，因此資方與勞工之間，應該稱彼此爲同事、同仁。

我有一位美國弟子，具有非常優秀的翻譯才華，但是對於修理電器卻毫無辦法。所謂天生我材必有用，每一個人具備的才能不同，所以，人的一生雖應該努力訓練自己的能力，但並不是自不量力地拚命追求，而是要了解自我學習的興趣和方向，對自己的人生盡力而爲。掌握現在，努力未來。

現代人往往以職位和薪資高低，做爲成功的指標，這是錯誤的價值觀。眞正成功是人格上的成長，以及對社會的奉獻。同時能夠在職務上默默耕耘，並且懂得隨著時代的脈動求新求變，這樣的人不會被埋沒，反而會爲他人所倚重。這種人生態度，終其一生，都能坦然地面對自己而無遺憾，而且將會是社會的中堅分子。

生活不只是爲了金錢，生命也不只是爲了地位，而爲了理念的實踐而活，才是最重要的。生活要活得愉快自在，就要將工作當成是很有趣味的生活。如此一來，終日都是生活在趣味之中，這樣的人生將是一份享受，當下即是生活在淨土之中。

工作便利貼

生活不只是為了金錢，生命也不只是為了地位，而為了理念的實踐而活，才是最重要的。生活要活得愉快自在，就要將工作當成是很有趣味的生活。

如何以平靜心
調適工作問題？

觀世音菩薩在印度、中國、西藏和日本，都是家喻戶曉。以中國來說，中國有一句話，「家家彌陀，戶戶觀音」，而且人人都會稱誦「阿彌陀佛」和「觀世音菩薩」的聖號。西藏拉薩的布達拉宮，譯音為補怛洛迦，意思是觀世音菩薩的聖地之一，因此，在藏傳佛教中，認為達賴喇嘛就是觀世音菩薩的化身。

觀世音菩薩究竟是什麼樣子呢？在好幾部重要的經典裡，都可以看到佛陀在介紹觀世音菩薩，譬如：《法華經》的〈普門品〉、《楞嚴經》中的〈觀世音菩薩耳根圓通章〉，以及《千手千眼大悲心陀羅尼經》，還有大家常誦的《心經》，只是在《心經》中觀世音菩薩被稱為觀自在菩薩；另外，在《華嚴經》裡，善財童子到補怛洛迦山所參訪的就是觀世音菩薩。

或許你們認爲我很有智慧、很有學問，其實我所依靠的就是觀世音菩薩。學問、知識、技能，在緊要關頭是沒有用的；社會上有許多所謂的情緒管理、人格訓練，或是道德規範等法則，在平時或是沒有突發狀況的時候有用，一旦有了事、有了狀況，就沒有用。以南亞大海嘯爲例，當海嘯來的時候，金錢、地位、權勢或家人，能救得了你嗎？或者，當你在感情、家庭、事業、工作、財產，遭受重大損失或是刺激的時候，又該怎麼辦呢？

很多人碰到沒辦法解決的大問題時，就跑來找我。不僅中國人找我，外國人也找我；不僅普通人找我，有地位的人也找我。我並沒有三頭六臂，但是，我有千手千眼觀世音菩薩做我的依靠。

我經常說，遇到問題時，要「面對它、接受它、處理它、放下它」。我們都知道逃避並不能解決問題，必須面對它，然後接受這樣的事實。但是，問題還是要處理，那要如何處理呢？我沒有智慧，也沒有其他的辦法或技巧，所以就只能請教人，如果一時沒有地方可以請教，就念「觀世音菩薩」，福至心靈後，就曉得怎麼處理了。有時候，不知道怎麼辦才好時，念了「觀世音菩薩」後，突然間，腦海裡便會出現了一個點子。這樣的靈感，並非來自我的智慧，而是一種菩薩的感應。

當心能平靜下來，頭腦也會清楚一些，就能懂得如何按部就班地來處理事情，這是念「觀世音菩薩」的第一個好處。如果念「觀世音菩薩」還不能立刻解決問題，不要急，只要不斷地念，心安定了，自然會有轉機出現。有時候會適時出現一個人，或一種狀況，就將那樁事情解決了。

工作便利貼

遇到問題時，要「面對它、接受它、處理它、放下它」。我們都知道逃避並不能解決問題，必須面對它，然後接受這樣的事實。

如何建立正確的人生觀？

做爲一個佛教徒、三寶弟子，必須要有正確的人生觀。所謂人生觀，就是在探究我們來到世界的原因。就佛教而言，它有兩個原因：第一、我們是來受報的；第二、我們是來還願的——不是還債，還債的心裡是痛苦的。

接受果報，是因爲我們相信，在這生之前，我們已經有過很多很多過去生；無量生死以來，對人對己，造了種種的善業、惡業，然後這一生才來受報。但有人會懷疑：爲什麼在現實人生中，常有好人受惡報、壞人受善報的情形呢？其實，我們常常不曉得自己做了什麼、說了什麼、動了什麼念頭；有時則是沒有察覺、忘了，或是刻意不去想它；而我們對這一生都不清楚了，更何況是對過去生呢？

報有兩種：一種是福報，一種是苦報。人人都希望金玉滿堂，鴻福齊天，但就是沒有想到，自己眞有這麼大的福報嗎？福報就是我們過去做的種種善事、好事，對人、對眾生有意義的事，而現在一點一點地回收。苦報和福報是相對的——有苦、有樂，樂就是福報，苦則是因過去所做不善的事而得的罪報，像是我們所遇到的種種折磨、衝擊、阻礙和不順利。

人遇到苦難或問題時，通常會認爲是別人的錯，而讓你痛苦，或是環境讓你痛苦，但這是眞的嗎？我們應該先反省、檢討一下，是不是因爲最近自己的身體不好、心情很苦悶，因此見到什麼事、遇到什麼人，都覺得心裡很厭煩。如果反省檢討後，覺得不是自己的問題，則要以還願的心態來接受它，當以還願心態面對，心中就不覺得苦，也就不是苦報了。

我想大家都曾有過這樣的經驗：家人在外面受了氣，回家後將氣出在你身上，結果你可能又把氣再出在別人身上。其實遷怒並不能消氣，只是把自己的問題變成他人的問題，然後一個遷怒一個。所以，當我們被遷怒而受到衝擊的時候，要先想到自己是來受報的，然後再想既然自己已受了報，還能夠讓別人消消氣，眞是一舉兩得。能夠這樣，你就是個有菩薩心腸的人。

我們到人間是來受報的，這個觀念一定要建立起來。因爲是來受報，所以碰到問題，就不必生氣、不必痛苦，反正也已經沒有其他的道路走；但受報不是接受了就算了，我們還要想辦法解決對方的問題。如果自己心裡難過，就用佛法來化解自己的煩惱；如果對方有問題，就用智慧來幫助他處理，而不是以牙還牙、以眼還眼。如果能這樣面對事實，我們就是菩薩行者；否則，不僅自己痛苦，還影響對方也跟著痛苦；煩惱自己也煩惱別人，這是損人不利己的！

再者，我們的生命是來還願的。從小到大，有沒有發過什麼願呢？所謂發願，也就是希望做什麼。譬如：我將來長大以後，一定要對媽媽好；現在這個社會很亂，假如我有力量的話，就要貢獻社會，使社會安定；這些人眞可憐，假如我有能力的話，我願意幫助他們。像是這類的願心，我想大家應該都發過，在我們的一生中都曾發過很多願，我相信大家在過去生都是菩薩，曾經一生一生地發過菩提心，希望能幫助人。現在皈依三寶的人，都要發〈四弘誓願〉：「眾生無邊誓願度，煩惱無盡誓願斷，法門無量誓願學，佛道無上誓願成。」因爲所有的菩薩要成佛，都需要發這個願，所以我們叫它通願。

至於如何兌現？就是要奉獻自己、成就大眾。奉獻自己、成就大眾是沒有條件的，不是爲了求回饋的，而是因爲你發的願。發願不是爲自己，發願是希望別人好，希望自己能努力付出，讓其他人得到利益、好處與恩惠。如果我們過去從來沒有發過願，現在發願也不遲；如果不肯發願，我們的人品將沒辦法提昇，堅固的自私心，就好像一根尖硬的刺，不時傷害著跟你接觸的人，這樣不僅傷害了自己，也傷害了他人。所以，要把心量放開，必須要發願，發願奉獻自己、成就他人。

受報是責任，還願是義務。義務是在我們本分的責任之外，奉獻自己、利益眾生，這是還願。受苦受難是受報，救苦救難則是還願。能夠在受苦受難中，還能夠救苦救難，那就是菩薩。

我們都是帶著不完美的身心在人間活動，而以不完美的身心來看這個世界，這個世界絕對是不完美的。雖然如此，我們可以受報的心態接受我們的現實人生，以還願的心態、觀念改善我們的生命，這就是正確的佛教人生觀。

工作便利貼

受苦受難是受報，救苦救難則是還願。能夠在受苦受難中，還能夠救苦救難，那就是菩薩。

如何在千變萬化的世界中安心？

《法華經》裡說：「若人說此經，應入如來室，著於如來衣，而坐如來座。」又說：「大慈悲爲室，柔和忍辱衣，諸法空爲座，處此爲說法。」意思是，我們要入如來室，以大慈悲心包容眾生；披如來衣，以柔軟心忍辱一切；坐如來座，以智慧心處理問題，心中不要罣礙。經文所開示的內容，就是我們開始學佛的途徑。

首先，是入如來室。當我們發了救護眾生的大慈悲心，這就是入如來室。既然發了大慈悲心，就應以慈悲來面對所有的人，不要把他人當成仇人來對待，而斤斤計較。

再來，是披如來衣。如來衣是柔軟的忍辱衣，我們的心要柔軟，不要剛強，當我們用慈悲心對待他人的時候，我們的心一定是柔軟的。而忍辱心就是當別人給你折磨、困擾、打擊或是麻煩時，雖然你的心裡感到痛苦和委屈，也要提醒自己學習觀世音菩薩。學觀世音菩薩就應該要披上柔軟的忍辱衣，柔軟能夠克剛強，也能四兩撥千斤，當問題朝你衝擊過來的時候，就以柔軟的態度忍耐一下。所謂「小不忍則亂大謀」，小忍要忍，大忍也要忍；能忍，你就有福報；能忍，你就能夠過萬重關，因爲柔能克剛。

最後，是坐如來座。如來的座是法空座，一切法都是空的。當我們學習菩薩精神的時候，一定要體會到，所有一切現象都不是永恆的，都如過眼雲煙。無論是逆境或是順境，或是種種的狀況，都只是暫時的現象，都是會改變的。改變的時候，這個事件就不存在。既然它經常改變，那就不是永遠不變，今天是這樣，明天可能變成那樣。有的人心很急，希望它馬上就改變，但這就像是種下的果子，時間到了它才會成熟，沒有熟的果子是不好吃的，但熟過了頭，也不能吃。這也就是說，種種的狀況是暫時的現象，沒有成熟的事不要急著做，而已經過去的事就讓它過去了，這就是空。

如來的座，指的就是一切法、一切的事物、一切的現象，都是暫時的；但是，不要因爲一切都是暫時的，就不做了。譬如，雖然我這個身體是暫時的，但我還是要吃飯；雖然我這個身體是暫時的，但還是要維持，以便好好運用它，用它來向觀世音菩薩學習。

觀世音菩薩是慈悲的、柔軟的、忍辱的，既能看得開，又能放得下。我們用慈悲心面對與接受眾生，然後用慈悲、忍辱、柔軟和智慧心來處理事情，處理完後就把問題放下。

有什麼辦法能讓人不再有恐懼心、憂慮心或是慌張的心？我建議多念「觀世音菩薩」，這是觀音法門中最好的修行方法。

大家可以一起念觀世音菩薩、求觀世音菩薩、學觀世音菩薩，隨時隨地扮演著觀世音菩薩的千手千眼。世間的物質享受吃得完、用得光，所以是不可靠的，但是，學會了觀世音菩薩的方法，卻是非常有用，讓你離苦得樂，一生受用無窮。

工作便利貼

所謂「小不忍則亂大謀」，小忍要忍，大忍也要忍；能忍，你就有福報；能忍，你就能夠過萬重關，因為柔能克剛。

國家圖書館出版品預行編目資料

帶著禪心去上班：聖嚴法師的禪式工作學／
聖嚴法師著. -- 初版.-- 臺北市：法鼓文化,
2010.01； 面； 公分.（人間淨土；23）

ISBN 978-957-598-489-2(平裝)

1.佛教修持　2.職場成功法

225.87　　98019596

人間淨土 23

帶著禪心去上班
——聖嚴法師的禪式工作學

法鼓文化

著者／聖嚴法師
出版／法鼓文化
總監／釋果賢
總編輯／陳重光
編輯／張晴、楊仁惠
封面設計／洸譜創意設計股份有限公司
內頁美編／連紫吟、曹任華
地址／臺北市北投區公館路186號5樓
電話／(02)2893-4646　傳真／(02)2896-0731
網址／http://www.ddc.com.tw
E-mail／market@ddc.com.tw
讀者服務專線／(02)2896-1600
初版一刷／2010年1月
初版十七刷／2022年10月
建議售價／新臺幣180元
郵撥帳號／50013371
戶名／財團法人法鼓山文教基金會—法鼓文化
北美經銷處／紐約東初禪寺
Chan Meditation Center (New York, USA)
Tel／(718)592-6593　E-mail／chancenter@gmail.com